D1750635

Mein Pferd und ich

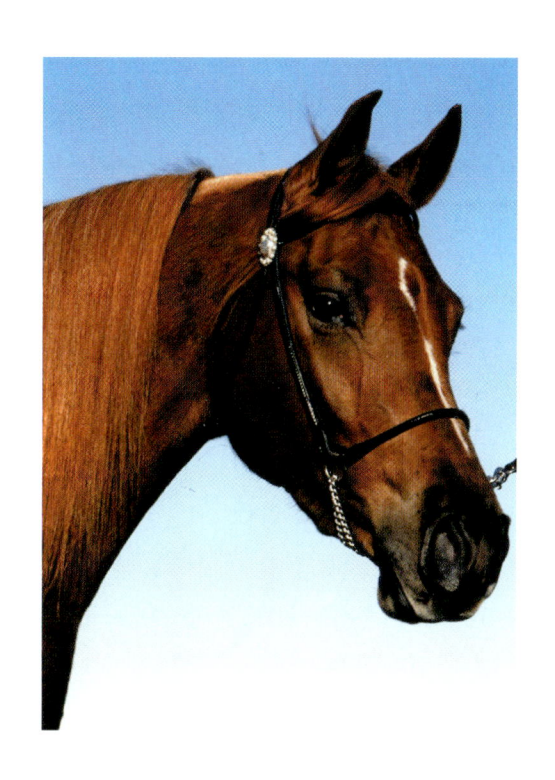

Mein Pferd und ich

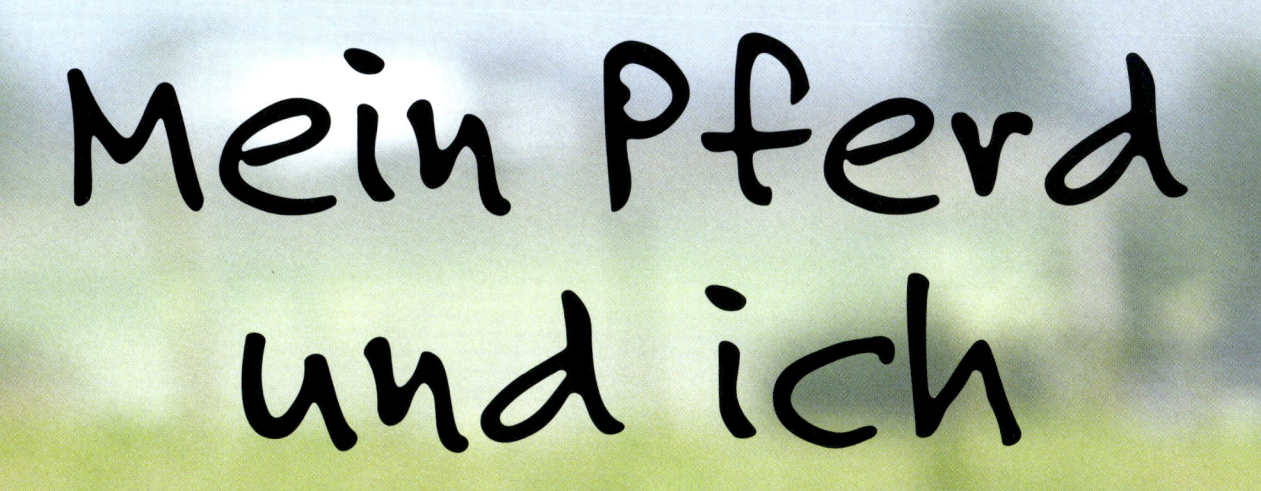

Debby Sly

Übersetzt aus dem Englischen von Wiebke Krabbe
Fachlektorat: Iris Bader

Die englische Ausgabe herausgegeben von

studio cactus ⊙

13 SOUTHGATE STREET WINCHESTER HAMPSHIRE SO23 9DZ
TEL 01962 878600 FAX 01962 859278
E-MAIL MAIL@STUDIOCACTUS.CO.UK WEBSITE WWW.STUDIOCACTUS.CO.UK

Copyright © 2005 studiocactus ltd
Text Copyright © 2005 Tam Pickeral, Debbie Sly

Alle Rechte, auch die des auszugsweisen Nachdrucks, der fotomechanischen Wiedergabe und der Übersetzung, sind vorbehalten.

ISBN 3-8212-3013-4
Verantwortlich für diese Ausgabe:
XENOS Verlagsgesellschaft mbH
Am Hehsel 40, 22339 Hamburg
Übersetzung aus dem Englischen: Wiebke Krabbe
Fachlektorat: Iris Bader
Satz: Olaf Hille

Printed in Italy

Inhalt

Geschichte der Pferde	6
Reiterlatein	10
Körperform	12
Zeichnung	14
Viele Farben	18
Braune	20
Rappen und Schimmel	22
Füchse und Roans	24
Falben	26
Schecken	28
Pferdeverhalten	30
Pferdesprache	34
Ruhe und Entspannung	38
In der Herde	40
Ein eigenes Pferd	44
Glossar	46
Register	47
Danksagung	48

Geschichte der Pferde

Seit Urzeiten dienen Pferde und Ponys dem Menschen. Unsere Beziehung zu diesen Tieren begann in vorgeschichtlicher Zeit. Auch wenn wir es heute nicht glauben mögen, waren Pferde zuerst eine Nahrungsquelle! Seitdem haben Pferde uns Menschen in Kriegen und Friedenszeiten als Reit- und Packtier, als Helfer in der Landwirtschaft und als Schlachtross unterstützt. Heute sind sie vor allem Freizeitgefährten.

◀ Die Anfänge

Schauen wir 50 000 Jahre zurück. Die prähistorischen Jäger trieben die Pferde über Klippen, um sie zu erlegen. Denn sie konnten weder so schnell laufen wie die Pferde, noch konnten sie die Pferde aus größerer Entfernung töten. Um 4000 v. Chr. hielten die Menschen Pferde zur Versorgung mit Fleisch und Milch. Damals erkannten sie auch, dass Pferde sich gut als Arbeitstiere eignen. Anfangs luden sie ihnen Lasten auf den Rücken, dann bauten sie Schlitten, die von den Pferden gezogen wurden. So konnten sie viel größere Strecken zurücklegen und hatten mehr Erfolg bei der Jagd und Nahrungssuche (diese Höhlenmalerei aus Nordamerika zeigt Reiter bei der Jagd auf Rehe). Die Menschen erkundeten auch neue Gebiete, was bald dazu führte, dass sie mit den Pferden in den Krieg zogen. Archäologische Funde beweisen, dass Menschen schon vor 5000 Jahren auf Pferden ritten. In Kasachstan hat man uralte Pferdezähne gefunden, die Abnutzungsspuren zeigen – wahrscheinlich von Zaumzeug aus Tauwerk. Es ist also möglich, dass die Pferde schon bald nach ihrer Zähmung als Reittiere benutzt wurden.

Die Kikkuli-Tafeln aus dem Jahr 1350 v. Chr.

Kikkuli hatte als Rittmeister des Hethiterkönigs Suppiluliuma die Aufgabe, seine Pferde zu trainieren. Durch seine Ausbildung wurden sie zu ausgezeichneten Schlachtrössern, die den Hethitern zu großer Macht verhalfen. Von seinem strengen Trainings- und Futterplan berichten Inschriften auf vier Lehmtafeln, die bis heute erhalten sind. Seine Methode würde man heute Intervalltraining nennen: Er ließ ein Pferd eine Weile arbeiten, gönnte ihm dann eine kurze Pause, ehe das Training weiterging. Mit der Zeit wurde das Training anstrengender, die Pausen wurden kürzer. Junge Pferde wurden von einem Wagen oder einem anderen Pferd ausgeführt, bis sie kräftig genug waren, selbst einen Reiter zu tragen oder einen Wagen zu ziehen. Nach der Arbeit ließ man die Pferde abschwitzen, dann wurden sie mit warmem Wasser gewaschen und in warme Decken gewickelt. Drei- bis viermal am Tag erhielten sie genau bemessene Futtermengen. 1991 probierten Forscher einer australischen Universität diese Methode aus und stellten fest, dass die Pferde dadurch sehr fit und gesund werden.

Ritter und Schlachtrösser ▶

Anfangs zogen die Pferde im Krieg Wagen. Als sich die Reittechniken und die Pferdeausbildung verbesserten, entstand die Kavallerie, deren besondere Vorzüge Schnelligkeit und Beweglichkeit waren. Im Mittelalter wurden die Ritter auf speziell gezüchtete Pferde gehoben, die stark genug waren, das Gewicht des Reiters und seiner schweren Rüstung zu tragen. Diese Pferde waren im Vergleich zu den heutigen modernen Vollblütern zwar nicht sonderlich schnell oder wendig, aber sie waren sehr kräftig und konnten einen unaufmerksamen Fußsoldaten leicht überrennen. Shire, Clydesdale und andere schwere Kaltblüter, die wir heute kennen, stammen von diesen Schlachtrössern ab.

◀ Vierbeinige Helden

Dieses Bild zeigt den heiligen Georg, den Schutzpatron Englands, der mit seinem Pferd den legendären Drachen bezwang. Es gibt viele Sagen und Legenden von Helden, die mit Hilfe ihrer „treuen Gefährten" große Siege errungen haben, allerdings sind die Namen der Pferde meist nicht überliefert. Eine Ausnahme ist Bucephalus, das Pferd von Alexander dem Großen, dem berühmten König von Mazedonien.

Die Skythen

Die Skythen waren ein Reiter- und Nomadenstamm, der aus Südrussland stammte. Bewaffnet mit Schwertern, Dolchen, Pfeilen und Bogen legten sie auf ihren Pferden weite Strecken zurück, eroberten unterwegs viele Gebiete und erreichten im 7. Jahrhundert v. Chr. Ägypten. Sie waren geschickte Krieger und täuschten oft ihre Gegner, indem sie davonritten, als seien sie auf der Flucht – ehe sie sich plötzlich umdrehten und ihre Pfeile abschossen. Sie benutzten als erste Reiter eine Art Sattel und trugen Hosen, die zum Reiten praktischer waren als die damals üblichen, fließenden Gewänder.

◀ Moderne Kriegsführung

Noch im vorigen Jahrhundert wurden Pferde im Krieg als Packpferde und zum Transport von Kanonen eingesetzt. Im 1. Weltkrieg hatten einige Staaten Kavallerieeinheiten, doch mit der Erfindung des modernen Panzers wurden berittene Soldaten nicht mehr benötigt. Heute werden Pferde in einigen Entwicklungsländern noch für Patrouillen in Gebirgen benutzt, in denen Autos schlecht vorankommen. Überall auf der Welt gibt es noch berittene Polizisten, die zur Kontrolle von Menschenaufläufen eingesetzt werden.

Geschichte der Pferde

▲ Sportsfreunde

Im 17. und 18. Jahrhundert gehörten berittene Jagden und Pferderennen zu den Lieblings-Freizeitbeschäftigungen des Landadels. Damals wurden immer mehr Weiden mit Hecken und Zäunen umgeben. Es dauerte nicht lange, bis die Reiter die Hindernisse als Herausforderungen ansahen. Und weil Menschen den Wettbewerb lieben, wurden bald Hindernisrennen veranstaltet. Das war der Anfang der modernen Pferderennen.

▼ Moderne Pferderennen

Heute ist der Pferdesport ein internationales Milliardengeschäft. Dazu tragen auch die Pferdewetten bei, die im 17. Jahrhundert in England in Mode kamen. Vollblut-Rennpferde der Spitzenklasse werden für Millionen von Euro verkauft. Jedes Land hat seine speziellen Rennen, es gibt zum Beispiel das Englische Derby in Epsom, das Kentucky Derby in den USA oder das Deutsche Derby in Hamburg-Horn.

Pferderennen werden über verschiedene Strecken ausgetragen, von kurzen Sprints bis zu langen „Reitmarathons". Das Grand-National-Rennen erstreckt sich über etwa 7 Kilometer und umfasst 30 schwierige Hindernisse.

Mein Pferd und ich

◀ **Pferdestärke**

Als sich die Landwirtschaftstechnik verbesserte und man Zaumzeug und Zuggeschirr entwickelte, lösten die Pferde die Ochsen als Zugtiere ab. Im 18. und frühen 19. Jahrhundert spielten Pferde in der Landwirtschaft und auch in der Industrie eine wichtige Rolle. Sie wurden nicht nur auf Bauernhöfen eingesetzt, sondern auch in Bergwerken und Mühlen sowie zum Ziehen von Booten auf Kanälen. In den USA setzte man Pferdegespanne ein, um große Waldgebiete zu roden. In den Städten brauchte man sie, um Milch und Post auszuliefern und um Busse, Straßenbahnen und Kutschen zu ziehen. Sogar zur Lebensrettung wurden sie eingesetzt – als Zugtiere bei der Feuerwehr.

▼ **Friedliches Leben**

Heute müssen Pferde kaum noch in den Krieg ziehen. Auch werden sie in der Landwirtschaft und Industrie kaum noch gebraucht, dafür haben sie sich in unseren Herzen einen Platz als Freizeitgefährten erobert. Immer mehr Menschen schaffen sich ein Pferd oder Pony an und stellen ihr Geschick und die Beziehung zu ihrem Tier bei Turnieren und Reitprüfungen auf die Probe.

▲ **Arbeitspferde heute**

In Entwicklungsländern werden Pferde noch heute zur Arbeit eingesetzt. Selbst in reichen Industrieländern gibt es noch einige Arbeiten, für die Pferde sehr wichtig sind. Eine davon ist die Waldpflege. Pferde können sich auch in Gebieten bewegen, die mit schweren Maschinen nicht zu erreichen sind, und sie richten viel weniger Schaden an.

Geschichte der Pferde

Reiterlatein

Hört man Fachleuten beim Gespräch über Pferde zu, könnte man denken, sie reden in einer fremden Sprache. Widerrist, Stockmaß, Kastanie – ist das alles Angabe oder lohnt es sich, ein bisschen Reiterlatein zu lernen?

Zufriedenes Pferd ▶

Es ist wichtig zu erkennen, ob ein Pferd gesund ist und sich wohl fühlt. Wenn du dir Zeit nimmst, dein Pferd oder Pony kennen zu lernen, wirst du schnell wissen, ob etwas nicht in Ordnung ist. Schließlich siehst du ja auch bei deiner besten Freundin, ob es ihr gut geht oder ob sie schlecht gelaunt ist. Bei deinem Pony sollte es genauso sein. Nimm dir Zeit, genau zu beobachten, wie es sich bewegt und verhält, wenn es entspannt ist. Ist etwas nicht in Ordnung, ist es wichtig, das Problem möglichst genau zu beschreiben. Dazu solltest du die Namen der Körperteile eines Pferdes kennen.

Körperteile: Stirnansatz, Stirnlocke, Jochbein, Gamasche, Nasenspitze, Kinngrube, Mähne, Mähnenkamm, Hals, Drosselrinne, Buggelenk, Brust, Brustmuskel, Ellenbogen, Widerrist, Vorderrippe, Rücken, Unterarm, Vorderfußwurzelgelenk, Vorderröhre, Hufkrone, Beugesehne, Köte, Fesselbeuge, Trachten

Der Körper des Pferdes ▶

Es ist nützlich, die Namen der wichtigsten Körperteile eines Pferdes zu lernen. Sie gehören zur gemeinsamen Sprache der Reiter. Wenn du etwas über dein Pferd erzählen möchtest, versteht dein Zuhörer genau, von welchem Körperteil du sprichst. Außerdem lernst du viel über den Körperbau eines Pferdes und kannst leichter verstehen, ob es gut oder schlecht in Form ist oder vielleicht Schmerzen hat.

Kurzuntersuchung

Natürlich solltest du auf einen Blick erkennen, ob es deinem Pferd gut geht. Trotzdem ist es wichtig, es jeden Tag genauer zu untersuchen, um Probleme früh zu bewerten.
Streiche auf der Weide oder im Stall mit beiden Händen die Beine hinab und achte auf Beulen, Schürfwunden oder Schnitte. Sieh nach, ob die Hufeisen fest sitzen und kratze Steine mit einem Hufkratzer aus den Hufen. Wenn dein Pferd eine Decke trägt, nimm sie ab und taste den Körper nach Abschürfungen und Schnitten ab.

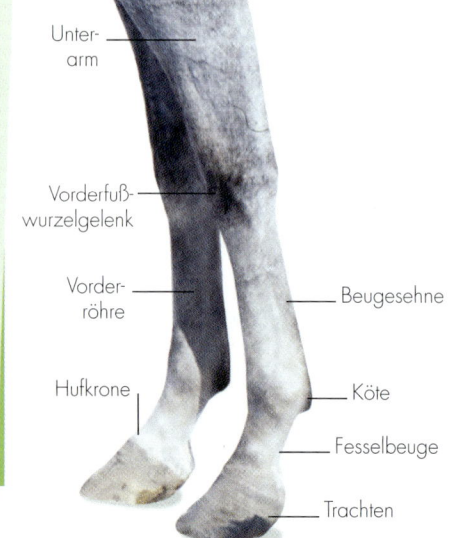

Mein Pferd und ich

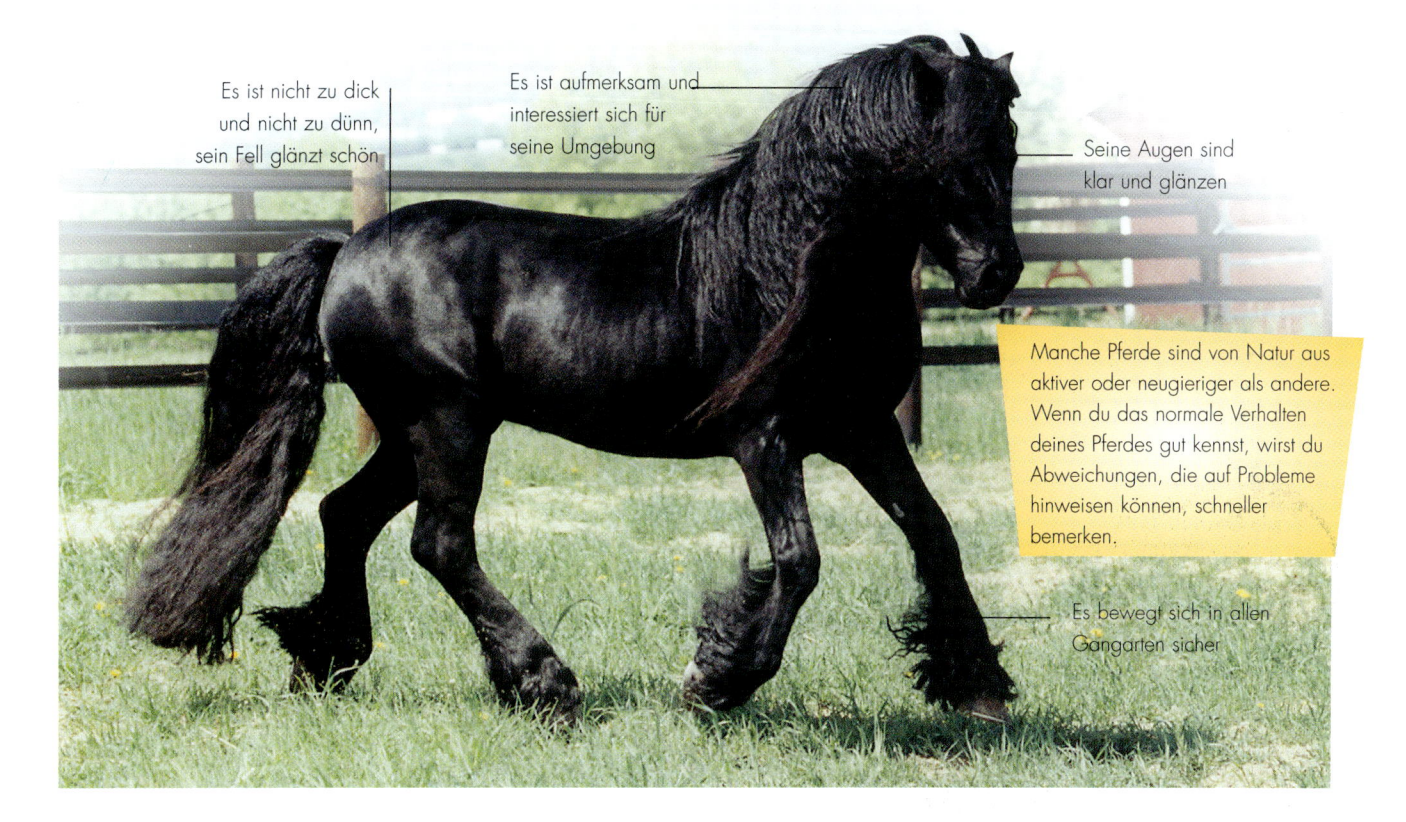

Es ist nicht zu dick und nicht zu dünn, sein Fell glänzt schön

Es ist aufmerksam und interessiert sich für seine Umgebung

Seine Augen sind klar und glänzen

Manche Pferde sind von Natur aus aktiver oder neugieriger als andere. Wenn du das normale Verhalten deines Pferdes gut kennst, wirst du Abweichungen, die auf Probleme hinweisen können, schneller bemerken.

Es bewegt sich in allen Gangarten sicher

Flanke | Lende | höchster Punkt der Kruppe | Kruppe

Schweifrübe

Hinterbacke (Hose)

Kniegelenk

Oberschenkel

Sprunggelenk

Sprungbeinhöcker

Hinterröhre

Fesselkopf

Huf

Welches Bein lahmt?

Die empfindlichsten Körperteile eines Pferdes sind seine Beine und Füße. Wenn ein Pferd dort Schmerzen hat, lahmt es meistens. Du solltest erkennen, welches Bein dem Pferd Beschwerden macht. Wenn es stark lahmt, ist das betroffene Bein leicht zu erkennen, weil das Pferd es möglichst gar nicht belastet. Schwieriger ist es bei leichtem Lahmen. Schmerzt ein Vorderbein, hebt das Pferd seinen Kopf, wenn es das Bein belastet (wenn also der entsprechende Fuß den Boden berührt). Schmerzt ein Hinterbein, musst du das Pferd beobachten, wenn es sich im Schritt oder Trab von dir wegbewegt. Achte auf die Oberseite des Hinterteils: Die schmerzende Seite liegt tiefer als die gesunde. Wenn du weißt, welches Bein betroffen ist, suche die Ursache. Dann kann ein Tierarzt dein Pferd untersuchen und dir sagen, wie es behandelt werden muss.

Die kleine, verhornte Verdickung an der Innenseite des Pferdebeins nennt man Kastanie.

Reiterlatein

Körperform

Gestalt, Proportionen und Körperbau eines Pferdes bestimmen, für welche Art von Arbeit es sich am besten eignet, wie leicht ihm seine Arbeit fällt und wie kräftig und gesund es ist. Nicht jeder Mensch ist zum Leistungssportler geboren – das ist bei Pferden ebenso. Je mehr du dein Pferd forderst, desto wichtiger ist es, dass es für diese Anforderung auch geeignet ist. Denke an ein kräftiges Zugpferd wie ein Shire oder Percheron: Man sieht ihm seine Kraft an. Dann denke an elegante Araber oder Vollblüter, die schnell und wendig sind. Zwischen diesen Extremen gibt es viele Formen und Größen.

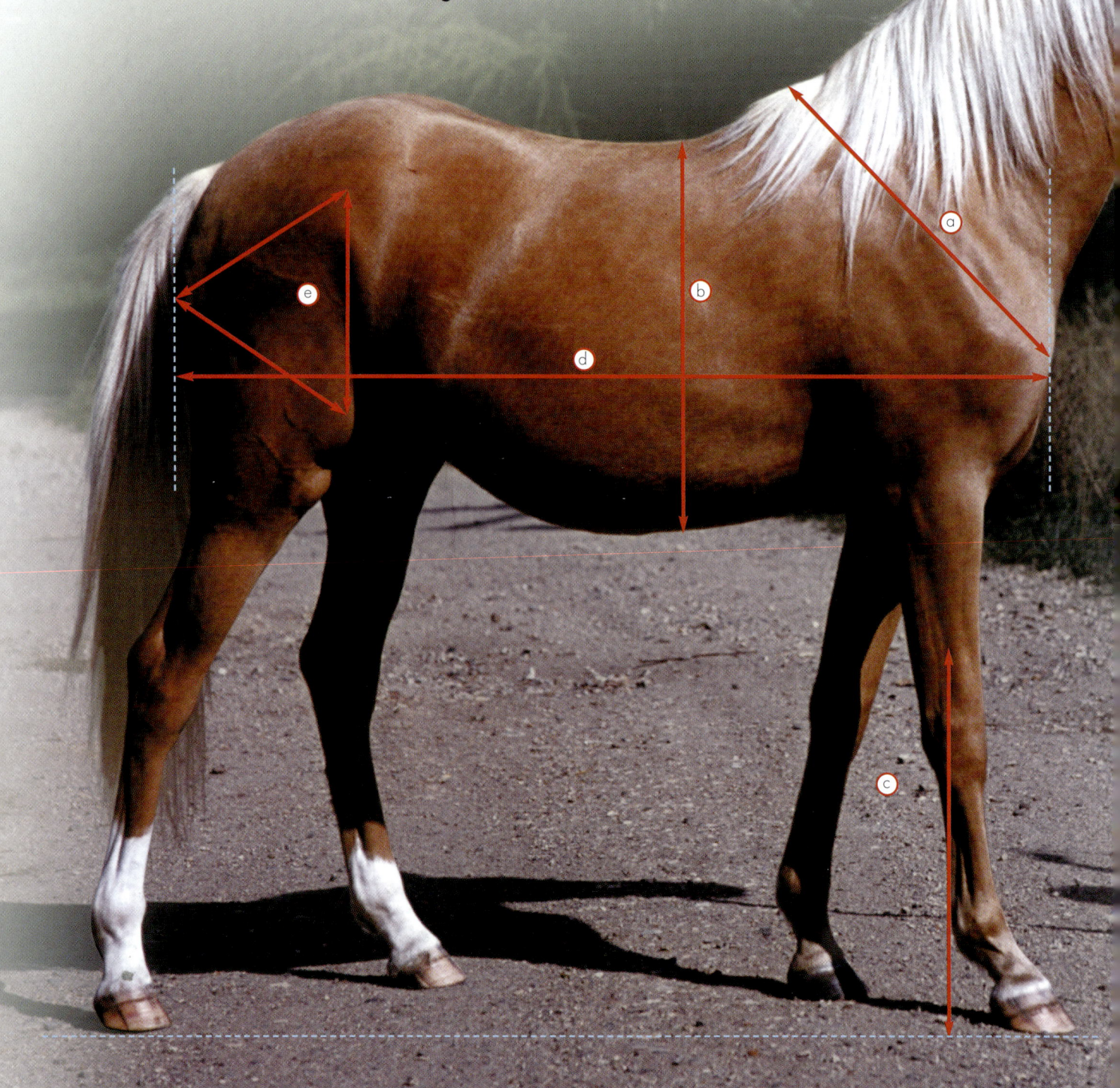

Ein Pferd mit Schwächen im Körperbau kann für deine Bedürfnisse trotzdem gut geeignet sein. Sprich mit dem Tierarzt, denn er kann dich am besten beraten, was du von dem Pferd erwarten kannst.

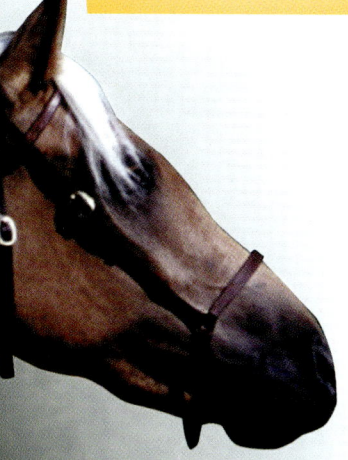

Konstruktionsschwächen

Es gibt nur wenige perfekte Pferde, darum sollte man vor dem Kauf immer einen Tierarzt fragen, ob ein Pferd leisten kann, was man von ihm erwartet. Du sparst aber Zeit und Geld, wenn du einige „Konstruktionsschwächen" selbst erkennen kannst.

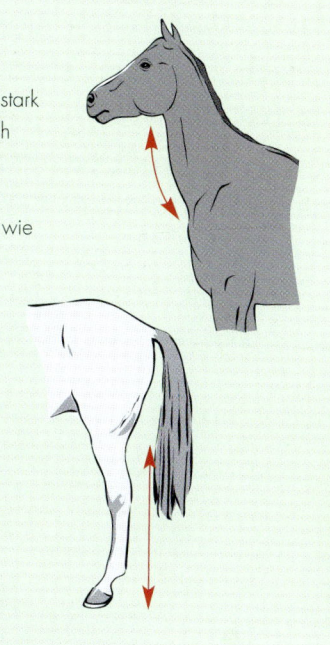

Bretthals
Davon spricht man, wenn die Muskeln an der Halsoberseite zu schwach und an der Unterseite zu stark sind. Der Hals sieht etwas unförmig aus und fühlt sich auch ungleichmäßig an. Die Ursache kann falsches Training sein – dann lässt sich das Problem durch richtiges Training beheben. Liegt die Ursache darin, wie Kopf und Hals auf den Schultern sitzen, kann auch Training daran nichts ändern.

Gerade Sprunggelenke
Sind die Hinterbeine zu gerade, haben die Sprunggelenke nicht genug Spannung und das Pferd kann die Kraft seiner Hinterhand nicht voll ausnutzen. Dadurch kann seine Leistungsfähigkeit eingeschränkt sein. Auf die Sprunggelenke kommt es besonders bei Pferden an, die anspruchsvolle Spring- oder Dressurprüfungen absolvieren sollen.

◀ Körperbau

(a) Schulter: Ein Pferd mit langen, abgeschrägten Schultern kann lange, fließende Schritte machen. Der Winkel sollte etwa 45 Grad betragen. Ist er steiler, ist der Gang kurz und abgehackt, was für den Reiter unbequem ist und die Gelenke des Pferdes stark belastet. Ist die Schulterschräge zu lang, stimmt das Verhältnis der Vorhand (Vorderbeine, Schultern, Kopf und Hals) zum übrigen Körper nicht.
(b) Brustumfang: Ein großer Brustkorb bietet reichlich Platz für Herz und Lungen.
(c) Bein-Rumpf-Proportionen: Bei einem gut proportionierten Pferd sollte der Brustumfang genauso groß sein wie der Abstand der Kastanie (dem kleinen Vorsprung an der Beininnenseite) zum Boden. Ein Pferd mit ungünstigen Proportionen sieht aus, als hätte es lange Staksbeine oder kurze Stummelbeine.
(d) Rumpflänge: Die Rumpflänge sollte ungefähr der doppelten Rumpftiefe entsprechen.
(e) Das Dreieck: Der Abstand zwischen Hüftknochen, Sitzbeinhöcker und Kniegelenk sollte jeweils gleich sein.

▲ Zuchtziel Kraft

Arbeitspferde wie dieses Suffolk Punch müssen sehr kräftig sein, um schwere Lasten zu ziehen. Schnelligkeit ist nicht so wichtig, wohl aber Ausgewogenheit. Kurze, kräftige Beine, ein stämmiger Rumpf, breite, starke Schultern und eine kräftige Hinterhand sind typische Merkmale solcher schweren Pferde. Bei der Arbeit tragen sie ein spezielles Geschirr mit einem breiten Kumtkissen um den Hals. Er hilft ihnen, sich mit Schultern und Brust gegen das Gewicht ihrer Last zu stemmen, während die Hinterbeine sie vorwärts drücken. Im Gegensatz zu manchen Kaltblütern, die einen starken Behang an den Beinen haben, wird bei der Zucht des Suffolk Punch auf „glatte" Beine geachtet. Das ist bei der Arbeit auf feuchten, klebrigen Lehmböden ein Vorteil.

Körperform — 13

Zeichnung

Jedes Pferd hat eine einzigartige Zeichnung, die es unverwechselbar macht. Manchmal ist die Zeichnung deutlich zu sehen, etwa weiße Flecken im Gesicht und an den Beinen. Manche Zeichnungen wie Wirbel oder der Daumenabdruck des Propheten sind unauffälliger. Diese natürlichen Kennzeichen sind hilfreich, um ein Pferd zu identifizieren, darum werden sie in den Zuchtpapieren verzeichnet. Brandzeichen und andere künstliche Kennzeichen dienen dem Diebstahlschutz.

Fellzeichnung

In Europa wurden gescheckte Pferde lange Zeit abgelehnt, weil sie als Zigeuner- und Zirkuspferde galten. Heute dagegen sind diese auffälligen Tiere sehr gefragt und haben viele Anhänger, die sich zu Clubs und Gesellschaften zusammengeschlossen haben.

▲ **Wirbel**
Wirbel sind normalerweise kreisförmige Muster, an denen die Haare des Fells in verschiedene Richtungen wachsen. Wenn ein Tierarzt dem Pferd einen Pass ausstellt, notiert er alle weißen Fellmarkierungen und Wirbel, um das Pferd eindeutig zu identifizieren.

Eine alte Reiterweisheit besagt, dass Pferde mit zu vielen weißen Beinen nicht zu empfehlen sind.

Ein weißes Bein – kauf es.
Zwei weiße Beine – probier es aus.
Drei weiße Beine – prüf es streng.
Vier weiße Beine – lass es stehen.

▲ Der Daumenabdruck des Propheten

Erstaunlich viele Pferde haben am Hals eine Vertiefung, die aussieht, als habe jemand mit dem Daumen den Muskel eingedrückt. Eine Legende besagt, dass der Prophet Mohammed die ersten Stuten der Araber-Rasse segnete, indem er ihnen die Hand auf den Hals legte. Dabei hinterließ sein Daumen einen Abdruck, den die Stuten auf alle ihre Nachkommen vererbt haben.

Sterne und Streifen

Viele Pferde haben im Gesicht und auf der Nasenspitze weiße Fellmarkierungen. Die Größe reicht vom kleinen Stern bis zum ganz weißen Gesicht. Als Stern bezeichnet man einen kleinen, unregelmäßigen Fleck, der normalerweise zwischen den Augen des Pferdes liegt. Eine kleine Markierung auf der Nasenspitze nennt man Schnippe. Von einer Laterne spricht man, wenn sich die Zeichnung über den ganzen vorderen Kopf bis zur Nase erstreckt. An den Beinen reichen die Zeichnungen von feinem Farbsaum (schmaler Streifen über den Hufen) bis zu langen „Stiefeln", die vom Huf bis zum Knie reichen.

Rotbraunes Pferd mit Blesse

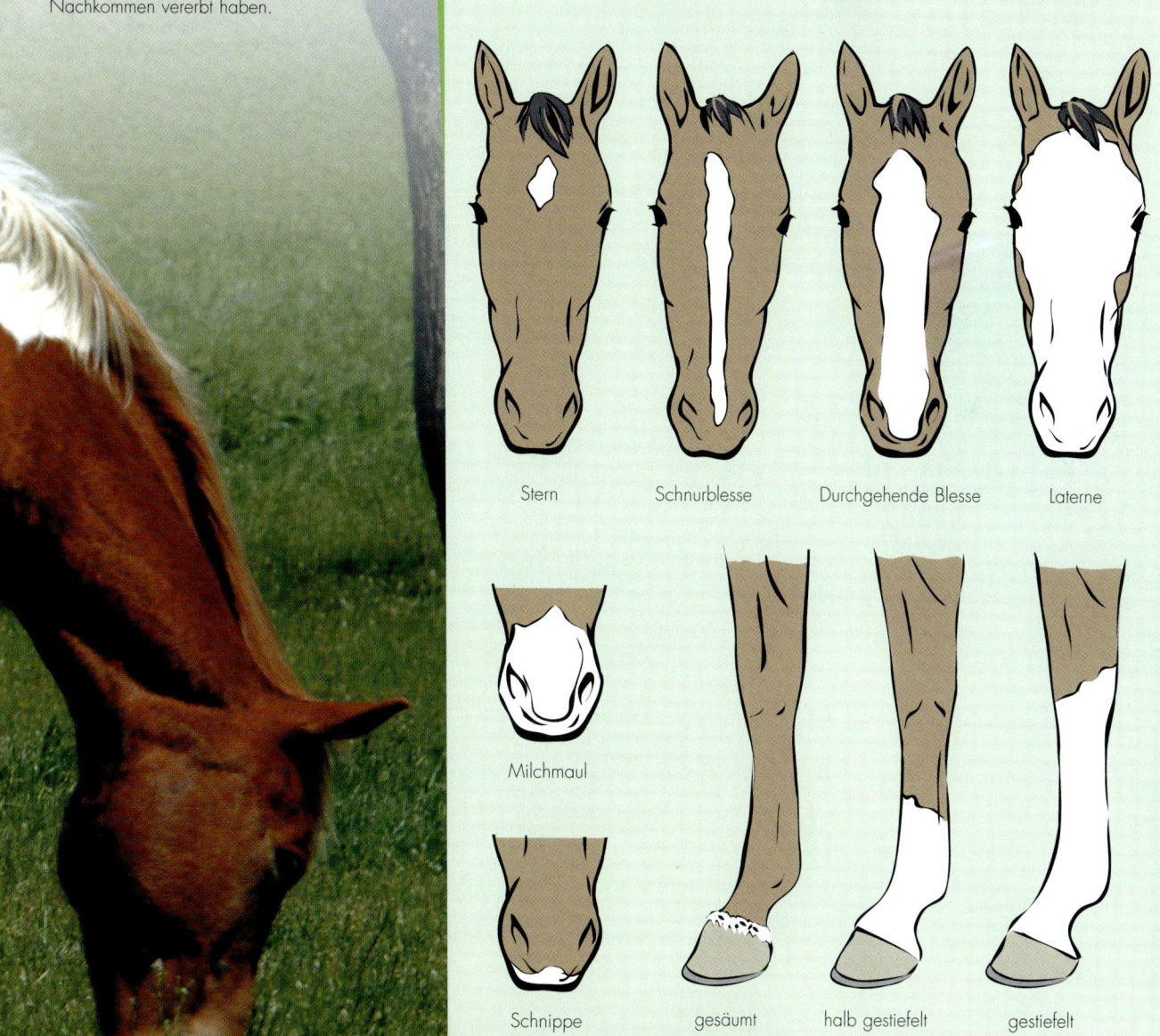

| Stern | Schnurblesse | Durchgehende Blesse | Laterne |

Milchmaul

Schnippe | gesäumt | halb gestiefelt | gestiefelt

Zeichnung — 15

Alle Esel haben einen Aalstrich und dazu einen schmalen Schulterquerstrich am Widerrist. Der Legende zufolge ist dieses Kreuz ein Zeichen, dass der Esel ein gesegnetes Tier ist, weil er Jesus nach Jerusalem getragen hat.

▲ Aalstrich

Manche Pferde haben einen dünnen, schwarzen Streifen auf dem Rücken. Besonders häufig sieht man ihn bei Dun-Pferden, manchmal aber auch bei grauen. Wie die Zebrastreifen, die manche Rassen an den Beinen tragen, ist der Rückenstreifen ein Überbleibsel der frühen Pferde, das sich bei einigen Pferderassen bis heute vererbt.

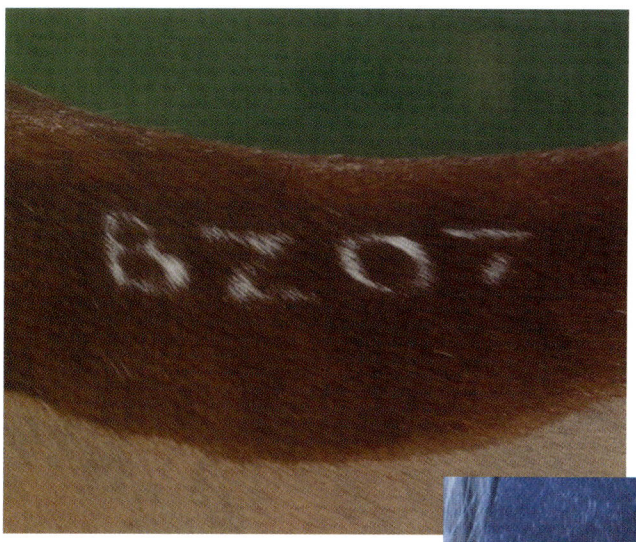

Sicherheitsmaßnahmen

Neben dem Kaltbrand (einem dauerhaften Registrierungskennzeichen zur Identifizierung eines Pferdes) können auch Pferdehalter einiges tun, um sicherzugehen, dass sie ihr Pferd erkennen, falls es einmal gestohlen wird. Ein Brandzeichen im Huf, etwa die Postleitzahl des Besitzers, ist eine Möglichkeit. Im Gegensatz zum Kaltbrand muss diese Kennzeichnung nicht ständig erneuert werden, wenn die Füße wachsen. Es ist sogar möglich, einen speziellen Mikrochip unter der Haut zu platzieren, der mit einem Gerät erkannt und gelesen werden kann. In allen Ländern der Europäischen Union müssen Pferdebesitzer einen Pass für ihre Pferde haben. Darin sind die besonderen Kennzeichen notiert, beispielsweise Zeichnungen auf Fell, Gesicht und Beinen oder die Farbe der Hufe. Auf den Pass muss der Pferdehalter gut aufpassen.

▲ Kaltbrand

Bei diesem Verfahren wird das Pferd mit einer eindeutigen Registrierungsnummer markiert. Jedes Pferd, unabhängig von der Rasse, kann so eine Kennzeichnung erhalten. Bei Verlust oder Diebstahl lässt es sich anhand der Nummer identifizieren. Alle Registrierungsnummern sind in einer Datenbank gespeichert. Wird ein Diebstahl gemeldet, werden alle Häfen und Schlachthöfe sofort informiert.

Brandzeichen ▶

Brandzeichen dienen dazu, Pferde innerhalb einer Herde zu erkennen und eine bestimmte Rasse oder ein Gestüt auszuweisen. Das Zeichen der Haflinger ist das Edelweiß, eine in den Alpen heimische Blume, mit einem H in der Mitte.

Brandmarken

Das Brandmarken ist ein schmerzhafter Vorgang, der noch heute bei Zuchtpferden und bei wilden, in Herden lebenden Pferden und Ponys angewendet wird. Dabei wird ein glühendes Eisen auf die Haut gedrückt, sodass die Haare verbrennen und nicht mehr nachwachsen. Das Zeichen bleibt als Narbe auf der Haut immer erkennbar. Bei dem Kaltbrand wird entweder flüssiger Stickstoff oder Trockeneis und Alkohol verwendet. Das Fell verbrennt dabei nicht, sondern die Haare wachsen weiß nach. Für ein Reitpferd, das den Umgang mit Menschen kennt, ist nur das eigentliche Anbringen der Markierung schlimm. Für Herden wilder Pferde und Ponys ist es schon sehr belastend, zusammengetrieben und von Menschen angefasst zu werden, ehe sie gebrandmarkt werden. Weil die Markierung gut zu erkennen sein muss, wird diese altmodische Methode noch heute häufig angewendet.

Zeichnung

Viele Farben

Im Reiterlatein gibt es nicht nur besondere Namen für die Körperteile eines Pferdes, sondern auch für die Fellfarben und Zeichnungen, durch die sich die Tiere voneinander unterscheiden. Fuchs, Schecke und Roan sind nur einige der Begriffe, die du kennen solltest. Eigentlich gibt es nur vier Fellfarben: schwarz, braun, hellbraun und kastanienbraun. Alle anderen Farbvarianten sind Mischtöne oder Muster aus mehreren dieser Grundfarben.

Wir Menschen haben vielleicht Lieblingsfarben, doch sagt die Farbe eines Pferdes nichts über seine Fähigkeiten aus. Manche Reiter meinen allerdings, dass die Farbe etwas mit dem Wesen zu tun hat. Um Pferdefarben rankt sich allerlei Aberglaube, doch wissenschaftlich bewiesen ist davon nichts. Man sagt aber auch, dass ein gutes Pferd keine schlechte Farbe haben kann.

▲ Braune
Braune Pferde kommen viel häufiger vor als schwarze, obwohl sie einander auf den ersten Blick stark ähneln können. Bei genauerem Hinsehen erkennt man dann aber, dass Fell, Mähne und Schweif nicht schwarz, sondern dunkelbraun sind. Auch an der braunen Nasenspitze kann man Braune oft von Rappen unterscheiden.

▲ Füchse
Es heißt manchmal, dass Fuchsstuten besonders reizbar und temperamentvoll sind, aber auch das ist Aberglaube. Das Verhalten eines Pferdes wird normalerweise durch die Behandlung durch den Menschen geprägt, nicht durch seine Fellfarbe.

Rappen ▶
Wie Füchse haben auch Rappen im Aberglauben einen schlechten Ruf. Angeblich sollen schwarze Pferde einen schwarzen Charakter haben.

Mein Pferd und ich

▲ Weiß
Wir bezeichnen Weiß als Farbe, tatsächlich färben sich Fell (oder Haare) aber durch Pigmentverlust grau und später weiß.

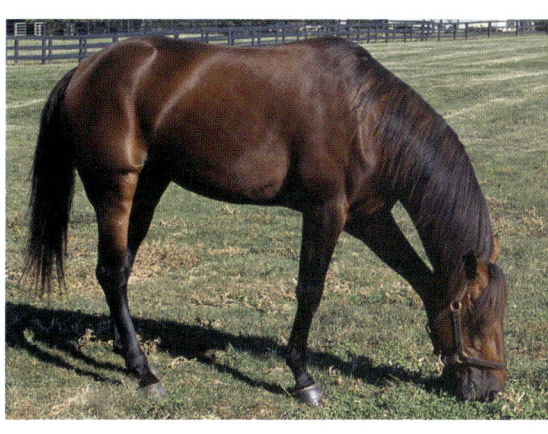

▲ Braun
In die Gruppe der so genannten Braunen fallen nicht alle braunen Pferde. Echte Braune erkennt man daran, dass Mähne, Schweif und untere Beine schwarz sind. Auch Nasenspitze und Ohren sind oft schwarz. Das übrige Fell kann braun oder rotbraun sein.

Es gibt gute und schlechte Pferde in allen Farben, denn ihr Verhalten ist oft nicht angeboren, sondern durch Menschen verursacht. Du solltest also weniger auf die Farbe achten, wenn du ein Pferd suchst. Es sollte zu dir passen und leisten können, was du von ihm erwartest. Triffst du die richtige Wahl, dann wirst du vielleicht feststellen, dass seine Fellfarbe deine neue Lieblingsfarbe wird.

Braune

Bei den Braunen kann das Fell verschiedene Farbtöne haben, während das Langhaar (Mähne und Schweif) immer dunkler ist. In diese Gruppe gehören die so genannten Schwarzbraunen, die den Rappen sehr ähnlich sehen, aber auch Pferde mit einem rötlichbraunen oder graubraunen Fell. Im Gegensatz zum Braunen haben beim Fuchs Fell und Langhaar die gleiche Farbe.

▲ Cleveland Bay
Diese Rasse wurde ursprünglich in der Gegend der Stadt Cleveland im englischen Yorkshire zum Ziehen von Kutschen gezüchtet. Die großen, kräftigen Pferde sind sehr athletisch, darum werden sie zur Zucht von Reitpferden gern mit Vollblütern gekreuzt. Das Fell hat normalerweise einen warmen Mahagoniton mit schwarz glänzendem Langhaar.

Goldbraun ▶
Dieses hübsche Kaspische Pony hat eine prächtige goldbraune Fellfärbung. Tiere dieser sehr alten Rasse sind manchmal auch grau, rötlichbraun oder schwarz. Im Körperbau ähneln die Tiere eleganten Vollblutpferden, doch wegen ihrer Größe von nur 102–122 cm werden sie den Ponys zugeordnet.

Fell-Pony ▶

Bei braunen Pferden sind Fell, Mähne und Schweif braun. Um Nase, Augen und Kniegelenk ist die Farbe manchmal heller. Das Braun kann so dunkel sein, dass man es für Schwarz halten kann. Fell-Ponys sind häufig braun, gelegentlich aber auch schwarz, graubraun und seltener grau.

Red Rum

Red Rum war ein schönes Rennpferd mit braun schimmerndem Fell. Es ist das einzige Pferd, das das berühmte Rennen Grand National (das im englischen Ort Aintree ausgetragen wird) dreimal gewann: in den Jahren 1973, 1974 und 1977. 1975 und 1976 ging er als Zweiter durchs Ziel. Er war als Sprinter gezüchtet worden, und obwohl er als Zweijähriger bei seinem ersten Rennen zu früh startete, entwickelte er sich später zum Galoppstar, der siegreich über die schwierigsten Hindernisse setzte. Er sollte 1978 beim Grand National starten, hatte sich aber beim Training einen Beinknochen angebrochen. Also schied er aus dem Rennsport aus, setzte aber seine Karriere als Berühmtheit mit Auftritten im Fernsehen und bei öffentlichen Veranstaltungen fort. Bis zu seinem Tod im Jahre 1995 führte er jedes Jahr die Parade von Aintree an. Er wurde am Zielpfosten der Grand-National-Rennstrecke begraben.

Braune

Rappen und Schimmel

Ganz schwarze Pferde sind recht selten. Die schwarze Fellfarbe wird zwar dominant vererbt, kann aber durch Gene, die für braune Färbung verantwortlich sind, verändert werden. Darum gibt es viele sehr dunkelbraune und nur wenige wirklich schwarze Pferde. Erstaunlich ist, dass Schimmel niemals weiß zur Welt kommen. Die helle Farbe stellt sich erst durch allmählichen Pigmentverlust der Haare ein.

Grautöne

Viele Menschen finden Schimmel besonders schön – vielleicht, weil sie sich von der Masse unterscheiden. Bei Rennen werden Schimmel lauter bejubelt, oft werden auch hohe Beträge auf sie gewettet, weil sie einfach anders aussehen als die Konkurrenten in verschiedenen Brauntönen. Weil die Fellfarbe durch Pigmentverlust entsteht, wird ein Schimmel mit den Jahren immer heller. Man sagt dann: „Er schimmelt aus." Selbst ein stahlgraues Pferd ist im Alter fast weiß.

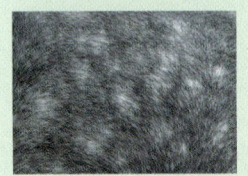

Eisenschimmel
Fliegenschimmel
Apfelschimmel
Rotschimmel

▲ Echtes Weiß

Ganz weiße Pferde sind sehr selten. Es sind Albinos, die im Gegensatz zu Schimmeln mit weißem Fell und rosa Haut zur Welt kommen. Da Albinos einen erblich bedingten Mangel an Pigmenten haben, besitzen diese Pferde häufig rötliche Augen. Faktisch handelt es sich beim Albinismus um eine Erbkrankheit, doch in den USA wurde eine Gesellschaft gegründet, die versucht, eine Albino-Rasse zu züchten.

▼ Schimmel

Obwohl in allen Rassen hellgraue oder weiße Pferde vorkommen, werden sie von den Zuchtstandards nicht immer anerkannt. Die berühmtesten Schimmel der Welt sind die Lipizzaner der Spanischen Reitschule in Wien. Für die schwierigen Dressurübungen, die man in Vorführungen manchmal sieht, werden nur Schimmelhengste eingesetzt. Eine andere berühmte Rasse von Schimmeln bilden die robusten Camargue-Pferde, die von den südfranzösischen Stierkämpfern geritten werden.

▲ Hässliches Entlein

Es gibt viele Schattierungen und Fellmuster in Grau, doch die meisten Schimmel werden mit zunehmendem Alter immer heller. Dieses Lipizzaner-Fohlen wächst vielleicht zu einem herrlichen, weißen Dressurpferd heran – wie der Papa!

Marengo war der Name eines Araber-Schimmels, den Napoleon in vielen Schlachten ritt. Es gibt viele Gemälde, die den siegreichen Kaiser auf seinem Lieblingspferd zeigen.

◄ Traumpony

Schimmelponys sind vor allem bei jungen Reitern sehr beliebt. Merrylegs war der Name eines freundlichen Apfelschimmel-Kinderponys in den Geschichten von Black Beauty, und auch viele Holzschaukelpferde sind wie Apfelschimmel bemalt.

▲ Friese

Der mächtige Friese mit seiner stattlichen Haltung, dem kräftigen Körperbau, dem langen Schweif und der fließenden Mähne ist ein beeindruckender Anblick. Friesen sind immer schwarz, darum wurden sie früher zum Ziehen von Leichenwagen eingesetzt.

Black Beauty

Der berühmte Roman „Black Beauty" wurde 1877 von Anna Sewell geschrieben. Das Pferd Black Beauty erzählt selbst von seinem abenteuerreichen Leben in verschiedenen Ställen und Familien. Einige Teile der Geschichte sind sehr traurig, aber am Ende geht alles gut aus. Vor allem aber wird in dem Buch darauf hingewiesen, wie schädlich Lagerzügel für Pferde sind: starre Stangen, die am Zaumzeug und am Rücken des Pferdes befestigt wurden und das Pferd zwangen, Kopf und Hals sehr hoch zu tragen, weil man diese Haltung schön fand. Wenn ein Pferd aber eine schwere Last zieht, muss es Kopf und Hals nach vorn ausstrecken können, um sich ins Geschirr zu legen und sein ganzes Körpergewicht zum Ziehen einzusetzen. Viele Pferde stürzten, weil sie mit den gewaltsam hochgezogenen Köpfen keine Kutschen ziehen konnten.

Das Buch trug dazu bei, dass dieser Brauch abgeschafft wurde, also gab es auch im wirklichen Leben ein gutes Ende.

Rappen und Schimmel

Füchse und Roans

Kastanienrotes Fell ist sehr auffällig. Es kommt in vielen Schattierungen vor, von hellem Goldrot über kräftiges Rotbraun bis zu einem sehr dunklen Ton. Haben Mähne und Schweif die gleiche Farbe wie das Deckhaar, spricht man von einem Fuchs. Ein rötlich braunes Pferd mit schwarzem oder dunkelbraunem Langhaar wird den Braunen zugeordnet. Als Roans bezeichnet man Pferde mit hellem Stichel-haar auf einer anderen Grundfarbe. Dabei gibt es sehr viele verschiedene Varianten.

◀ Kastanienrot
Dieses schöne Morab hat ein kastanienrotes Fell mit seidiger, flachsfarbener Mähne. Bei dieser noch recht neuen Rasse ist der Araber-Einfluss deutlich zu erkennen. Hier sieht man die Verwandtschaft zu den Wüstenpferden an dem schön geschnittenen Gesicht mit dem gewölbten Profil. Auch der schöne Bogen des Halses verrät die Abstammung der Rasse.

▼ Suffolk Punch
Diese Rasse besitzt eine ganz eigene Schönheit. Die sanften Riesen sind immer kastanienbraun und haben – außer einem kleinen weißen Stern im Gesicht und vereinzelten silbernen Haaren am Körper – keine weißen Fellmuster. Der Rassestandard erkennt sieben Farbtöne an. Dieses schöne Exemplar hat einen relativ hellen Kastanienton und einen leichten Behang an den kräftigen Beinen.

Roan

Als Roans bezeichnet man Pferde, die ein dunkles Fell mit hellgrauen oder weißen Stichelhaaren haben. Schweif und Mähne sind oft schwarz, auch das Gesicht und die unteren Beine sind normalerweise dunkler. Jede Grundfarbe, die es einfarbig beim Pferd gibt, kann auch beim Roan vorkommen, daher gibt es hier viele Farbvarianten. Roans können sehr hell sein, dennoch sind es keine Schimmel, denn sie kommen mit ihrer Fellfärbung zur Welt und werden im Lauf ihres Lebens nicht heller.

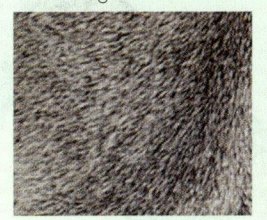

Stichelbrauner · Stichelrappe · Stichelfuchs

Black Jack

Black Jack war ein dunkel-kastanienrotes Pferd, das in den USA bei Zeremonien eingesetzt wurde. Seinen größten Auftritt hatte es, als es 1963 hinter dem Sarg des ermordeten Präsidenten Kennedy ging. Die Tradition schrieb vor, dass das Pferd ohne Reiter geführt wurde. An seinem Sattel war ein Schwert befestigt, ein Paar Reitstiefel des verstorbenen Präsidenten waren mit den Spitzen nach hinten an die Steigbügel gebunden. Diese Tradition geht angeblich auf das Reitervolk der Mongolen zurück (13.–14. Jahrhundert), die allerdings nach der Zeremonie das Pferd opferten, damit es seinem Reiter in der Nachwelt dienen konnte. Zum Glück für Black Jack waren Tieropfer in den USA nicht mehr üblich.

▼ Tolles Team

Diese beiden silbrigen Roans geben ein schönes Gespann ab. An Beinen, Schweif und Mähne ist die Grundfarbe des Fells zu erkennen, während das Fell am Rumpf durch das Stichelhaar silbrig schimmert. Roans werden im Alter oft heller, weil sich der Anteil an weißen Haaren vergrößert.

Die englische Reiterin Pippa Funnell verdankt ihre ersten sportlichen Erfolge einem silbrigen Roan namens Sir Barnaby.

Falben

Pferde mit goldbraunem oder gelblichem Fell sehen sehr hübsch aus. Ein Pferd mit honigbraunem Fell und hellerem Langhaar bezeichnet man als Isabelle oder Palomino. In den USA wurde für Palominos inzwischen auch ein Zuchtstandard eingeführt. Unter den Arabern und Vollblütern findet man keine Palominos und auch keine Schecken.

Achal Tekkiner ▶

Diese sehr alte Rasse stammt ursprünglich aus den Wüsten Turkmenistans im Norden des Iran. Die Pferde sind wegen ihrer enormen Ausdauer als Rennpferde beliebt, vor allem für Langstreckenrennen. Pferde dieser Rasse haben ein hellbraunes Fell mit einem silbrigen oder goldenen Schimmer. Wenn es ein „goldenes Pferd" gibt, dann ist es ein Achal Tekkiner.

Palomino ▶

Die Fellfarbe von Palominos kann von hellem Cremebeige über Goldbeige bis zu einem dunklen Bronzeton reichen. Mähne und Schweif sind oft silbrig oder flachsfarbig. Haflinger sind immer rötlichbraun oder goldbeige und haben sehr schön fließendes, flachsfarbenes Langhaar. Die Pferde dieser Rasse sind kräftig und widerstandsfähig. Sie eignen sich als Reit- und Fahrpferde.

Trigger

Der Cowboy-Darsteller Roy Rogers hatte einen berühmten Filmpartner, den Palomino-Hengst Trigger. Das Pferd, das ursprünglich Golden Cloud hieß, war schon ein Filmstar, ehe es mit Rogers in dem Film „Washington Cowboy" auftrat. Rogers war von dem Tier so beeindruckt, dass er es kaufte. Den Namen Trigger (Abzug einer Schusswaffe) gab er ihm, weil es enorm schnell war – körperlich und geistig. Als Trigger in den Ruhestand ging, nahm sein Sohn seinen Platz ein. Nach seinem Tod wurde Trigger präpariert und im Roy-Rogers-Museum ausgestellt – selbstverständlich in aufgebäumter Haltung.

Mein Pferd und ich

Seefahrer-Pferde ▶

Fjord-Pferde waren die Reittiere der Wikinger. Wenn die Männer dieses Seefahrervolks auf Eroberungsreisen gingen, nahmen sie die Pferde auch in ihren Langbooten mit. Die robusten kleinen Pferde aus Norwegen sind immer hellbraun und haben einen ausgeprägten, dunklen Streifen, der sich über den ganzen Rücken zieht. Dadurch sind Mähne und Schweif zweifarbig: in der Mitte dunkel und flachsfarben an den Seiten. Häufig kommen bei der Rasse auch Zebrastreifen an den unteren Beinen vor. Der Körperbau ähnelt dem der Vorfahren der modernen Pferde, vor allem dem des heutigen Asiatischen Wildpferds (auch Przewalski-Pferd genannt), das Ende des 19. Jahrhunderts in Osteuropa entdeckt wurde.

▼ Lundy-Pony

Lundy-Ponys sind als Kreuzung von New-Forest-Ponys und Connemaras entstanden und meist beige oder rötlichbraun. Die helle Färbung schwankt von hellem Creme bis zu Goldbeige, manchmal mit metallischem Schimmer. Die unteren Beine, Mähne, Schweif und manchmal das Gesicht sind braun oder schwarz.

Schecken

Pferde mit mehrfarbiger Fellzeichnung am ganzen Körper sind nicht zu übersehen. In den letzten Jahren hat ihre Beliebtheit enorm zugenommen, obwohl sie früher als Zigeuner- oder Zirkuspferde abgelehnt und als Reitpferde nicht ernst genommen wurden. Heute tragen auch Pferde aus besserer Zucht ein mehrfarbiges Fell – vom kleinen, gescheckten Freizeitpferd bis zum eleganten Leistungssportpferd.

> Bei Cowboys und Indianern waren Schecken gleichermaßen beliebt. Cowboys schätzten sie, weil sie lustig aussahen. Den Indianern war die Tarnung wichtig, die das gescheckte Fell bot.

Geschecktes Fell ▶

Höhlenzeichnungen beweisen, dass es schon vor 20 000 Jahren gescheckte Pferde gab. Zu den beliebtesten Schecken unserer Zeit gehören die Appaloosas, die im 18. Jahrhundert vom Indianerstamm Nez-Percé gezüchtet wurden. Pferde vieler Rassen und Typen können ein geschecktes Fell haben, aber in den USA ist das Amerikanische Appaloosa als eigene Rasse anerkannt.

▼ Farbe oder Rasse

Mehrfarbige bzw. gescheckte Pferde sind eine Besonderheit, weil sie als Fellzeichnungstyp gelten und in einigen Ländern als eigenständige Rasse anerkannt sind. Das Pinto hat ein weißes Fell mit großen, unregelmäßigen Flecken in graubraun, kastanienbraun oder schwarz. In den USA gilt es als Rasse. Auch schwarz-weiße oder braun-weiße Fellmuster sieht man bei Pferden vieler Rassen und Typen, allerdings nie bei reinrassigen Arabern oder Vollblütern. Das Foto zeigt ein hübsches Pinto.

Popadom

Popadom war ein gescheckstes kleines Pferd, das es in den 1960er und 1970er Jahren zu großem Ruhm brachte. Seine Reiterin Lorna Clarke (später Sullivan) hatte seine Mutter für ganze £ 40 (€ 60) gekauft und damit den zweiten Kaufinteressenten, einen Zirkus, überboten.
Popadom war nur 155 cm groß, hatte aber einen großen Kopf, riesige Ohren und mächtige Füße. Er war normalerweise nicht gut in der Dressur, doch in der Woche vor dem dreitägigen Burghley-Turnier im Jahre 1967 konzentrierte sich Lorna besonders auf das Training. Das lohnte sich, denn nach der Dressur führte ihr Pferd und gewann schließlich das ganze Turnier. 1970 schrieb er für Lorna Geschichte als eines der drei Pferde, die sie beim Badminton-Turnier ritt. Kein anderer Reiter hat bei diesem Turnier je drei Pferde eingesetzt, und heute sind nur noch zwei erlaubt.

Mein Pferd und ich

Wenn ein Pferd das Weiße seiner Augen sehen lässt, ist das meist ein Zeichen von Angst oder Zorn. Nur bei Appaloosas ist immer viel Weiß in den Augen zu sehen.

Fellmuster

Bei Appaloosas unterscheidet man fünf Fellmuster:
- Leopardbunt – weißer Untergrund mit dunklen, ovalen Flecken
- Schneeflockenbunt – weiße Flecken auf einheitlich farbigem Untergrund
- Weiße Decke – überwiegend heller Körper, Rücken und/oder dunkle Hinterhand
- Marmorbunt – ganzflächig sehr fein gefleckt bis marmoriert
- Frostschecke – dunkler Untergrund mit hellen oder weißen Flecken auf Lenden und Flanken

◀ Spanische Vorfahren

Pintos und Appaloosas verdanken ihr Fell den spanischen Pferden, die im 17. Jahrhundert mit den spanischen und portugiesischen Eroberern nach Amerika kamen. Typisch für Pintos und Appaloosas ist der dünne, struppige Schweif. Bei der frühen Zucht wurden Tiere mit diesem Schweiftyp bevorzugt, weil er sich bei Ritten im Gelände nicht so leicht im Unterholz verfing.

▼ Clydesdale-Fohlen

Die schweren Clydesdale-Pferde sind auf der ganzen Welt beliebt. Der Preis für ein schönes Exemplar kann mehr als 20 000 Dollar (ca. € 15 400) betragen. Sie sind meist hellbraun oder braun, es gibt aber auch Schimmel und Roans unter ihnen. Das Fohlen hat eine auffallende Zeichnung an Gesicht, Beinen und Bauch, was bei dieser Rasse häufig vorkommt.

Pferdeverhalten

Die heutigen Reitpferde sind gezähmt, trotzdem darf man nicht vergessen, dass sie ihre Instinkte und Reaktionen von ihren wilden Vorfahren geerbt haben. Um eine gute Freundschaft mit einem Pferd aufzubauen, musst du versuchen, die Welt mit seinen Augen zu sehen. Dann kannst du sein Verhalten in manchen Situationen besser verstehen lernen. Je mehr du über das Verhalten deines Pferdes weißt, desto seltener kommt es zu Missverständnissen. Und das ist wichtig für deine und seine Sicherheit. Wenn wir etwas über das Verhalten der Pferde in der Natur wissen, können wir sie so behandeln, wie es für sie am natürlichsten und am gesündesten ist. Heute gibt es kaum noch wilde Pferde. Die bekanntesten wilden Herden sind die Mustangs in Amerika und die Brumby in Australien. Obwohl sich die Welt im Lauf von Jahrtausenden sehr verändert hat, ist das natürliche Verhalten der Pferde nahezu gleich geblieben.

Halbwildes Leben ▶

In Großbritannien streifen Herden robuster, kleiner Ponys frei durch Gebiete, nach denen sie benannt sind. Sie laufen zwar frei herum, doch alle haben einen Eigentümer – und ein Brandzeichen. Jedes Jahr werden sie zusammengetrieben, um einige aus der Herde zu nehmen und zu verkaufen. Die übrigen Tiere werden wieder freigelassen. Die Ponys sind eine Touristenattraktion, doch leider sind sie so sehr mit Leckereien verwöhnt worden, dass einige sich ein recht aufdringliches Verhalten angewöhnt haben.

Wer ist der Boss der Herde?

Der Hengst beschützt zwar die Herde, doch normalerweise entscheidet eine ältere Stute, in welche Richtung die Herde zieht. Die Stuten sorgen auch für Recht und Ordnung in der Herde und bringen den Jungtieren Manieren bei. Die Herde wird also von der Leitstute geführt. Der Hengst folgt ihr, vertreibt Eindringlinge und hält seine Herde zusammen – fast wie ein Schäferhund. Jedes der übrigen Tiere hat seinen festen Platz in der Ordnung der Herde. Innerhalb der Herde schließen sich die Tiere zu kleinen Gruppen zusammen. Wie bei uns Menschen verändern sich Freundschaften, und auch Pferde wechseln von einer Gruppe zur anderen. Wenn mehrere zahme Pferde auf einer Weide stehen, kann man diese Gruppenbildung auch beobachten.

Manche Pferde sind etwas vorwitzig. Gibt es Futter oder Wasser, drängeln sie sich vor, während andere sich zurückhalten. Aber normalerweise fühlen sie sich am wohlsten, wenn Frieden in der Herde herrscht.

▲ Herdeninstinkt

Pferde sind gesellig. Wenn man ihnen die Möglichkeit gibt, schließen sie sich wie in der Natur zu Herden zusammen. Bei wild lebenden Pferden besteht eine Herde aus einem erwachsenen Hengst, mehreren Stuten und dem Nachwuchs. Auch gezähmte Pferde sollte man möglichst zusammen mit mindestens einem Artgenossen halten.

Eine der beiden in Deutschland heimischen Ponyrassen sind die Dülmener. Eine etwa 200-köpfige Herde lebt heute im Wildbahngehege der Herzöge von Croy im Merfelder Bruch bei Dülmen in Westfalen.

Panik

Ein Pferd gerät in Panik, wenn es vor einer Gefahr oder Bedrohung nicht mehr davonlaufen kann. Diese Reaktion ist gut zu erkennen, wenn ein Cowboy ein Pferd mit dem Lasso fängt: Es kann nicht fliehen und gerät in Panik. Es steigt und buckelt, wirbelt im Kreis herum und wirft sich manchmal sogar auf den Boden. Springt ein Cowboy beim Rodeo auf den Rücken eines nicht zugerittenen Pferdes, buckelt und springt es ebenso, um seine fremde Last abzuwerfen. Das Pferd hat in solchen Momenten Todesangst. Wenn es aber sanft und geduldig an seine Aufgabe als Reittier herangeführt wird, lernt es bald, dass ihm keine Gefahr droht. Sein Instinkt sagt ihm, dass sein Leben in Gefahr ist, wenn etwas auf seinen Rücken springt. Diese Angst kann das Pferd überwinden, wenn der Reiter Geduld zeigt.

▲ Kämpfen oder fliehen?

In freier Natur kommt es für die Herde hauptsächlich aufs Überleben an. Diese Dartmoor-Ponys müssten beispielsweise ausreichend Wasser und Nahrung finden und sich vor Wölfen und anderen Raubtieren schützen. Hat ein Pferd die Wahl, geht es Gefahren und Konfrontationen aus dem Weg. Es verlässt sich auf seine Geschwindigkeit und läuft davon – das sagt ihm sein Fluchtinstinkt. Wenn ein ungezähmtes Pferd bei Gefahr nicht fliehen kann, gerät es in Panik. Kampf ist aber erst der letzte Ausweg.

▼ Gemeinschaftstiere

Pferde sind Gemeinschaftstiere, die sich in der Herde sicherer fühlen als allein. Benimmt sich ein junges Pferd schlecht, jagt die Leitstute es aus der Herde und lässt es allein. Um wieder in die Herde aufgenommen zu werden, muss das Jungtier erst „Bitte" sagen. Durch bestimmte Gesten zeigt es seine Unterwürfigkeit an, etwa indem es den Kopf senkt. Erst dann hört die Stute auf, es abzudrängen. Sie dreht sich um und senkt den Kopf. Damit gibt sie dem Jungtier zu verstehen, dass es willkommen ist. Das Fohlen läuft dann direkt zu ihr und folgt ihr zurück zur Herde.

Mein Pferd und ich

Kampfspiele

Wenn Fohlen erwachsen werden, gehen sie entweder von selbst von der Herde fort oder werden – wenn es sich um männliche Fohlen handelt – vom Hengst vertrieben. Diese jungen Pferde, die etwa 18 Monate alt sind, schließen sich zu Gruppen zusammen, bis ein junger Hengst die Herrschaft übernimmt. Er verjagt dann die anderen Hengste und versucht, mit einigen Stuten eine eigene Herde zu gründen. Auch junge Stallpferde messen ihre Kräfte im Kampfspiel. Wenn Pferde übermütig auf der Weide umherspringen, solltest du vorsichtig sein. Es könnte passieren, dass sie an dir vorbeigaloppieren und dabei plötzlich mit den Beinen ausschlagen. Eigentlich freuen sie sich und wollen damit nur sagen: „Sieh mal, da ist unser zweibeiniger Freund!" Sie wollen dich nicht verletzen, aber sie können ihre Kraft und ihren Schwung nicht einschätzen. Das ist nicht ungefährlich!

Pferdesprache

Pferde verständigen sich durch Körpersprache. Du musst aber kein „Pferdeflüsterer" werden, um dich mit deinem Pferd zu verständigen. Wenn du die Körpersignale des Pferdes kennst, verstehst du besser, wie es sich fühlt. Und in gewissem Grad kannst du seine Sprache auch lernen, um dich ihm verständlich zu machen.

Wenn sich ein Pferd nicht wohl fühlt, sieht es aus, als ob die Augen tiefer in die Höhlen einsinken. Die Knochen ringsum treten klarer hervor und die Augen, die normalerweise groß und wachsam sind, scheinen klein und matt.

▲ Schlafenszeit?
Pferde können, wie Menschen, viele verschiedene Geräusche machen. Manche Pferde sind „gesprächiger" als andere. Dieses hier ruft nicht nach einem Taxi, es gähnt nur herzhaft!

▼ Neugieriger Nachbar
Pferde haben einen sehr guten Geruchssinn. Um etwas kennen zu lernen, müssen sie es beschnuppern – ihre Umgebung, Artgenossen und Menschen. Sie riechen auch Futter, vor allem Leckereien in Jackentaschen. Um auf sich aufmerksam zu machen, stupst ein Pferd einen Artgenossen oder einen Menschen mit der Nase an. Das bedeutet: „He, hier bin ich, kümmere dich um mich!"

▲ Augen
Viele Menschen schätzen das Wesen eines Pferdes nach dem Aussehen der Augen ein. Sanfte Pferde haben angeblich große, dunkle Augen, während boshafte Pferde eher helle, kleine Augen haben. Aber das ist eine Verallgemeinerung. Wenn ein Pferd erschöpft ist oder Schmerzen hat, sind die Augen fast ganz geschlossen. Ist ein Pferd müde, schließt es die Augen halb. Wie bei Menschen weiten sich die Augen, wenn es erschrickt. Ist es gereizt oder angriffslustig, rollt es die Augen nach hinten, sodass man das Weiße sieht. Das ist ein deutliches Signal, dass man sich nur ganz vorsichtig nähern darf und behutsam mit dem Tier umgehen muss.

Viele Menschen denken, dass Pferde durch einen „sechsten Sinn" Gefahren lange vor ihrem Reiter wittern. Wahrscheinlich machen wir uns nur nicht bewusst, dass die fünf Sinne der Pferde den unseren weit überlegen sind. Pferde können ausgezeichnet sehen und haben ein viel weiteres Gesichtsfeld als wir.

Nasenspitze ▶

Sogar die Nasenspitze kann etwas über die Stimmung eines Pferdes aussagen. Sind die Nüstern geweitet, ist das Pferd aufgeregt oder nach einem Rennen sehr erschöpft. Pferde können die Nase auch rümpfen, wenn sie etwas eklig finden. Tast-, Geruchs- und Geschmackssinn sind für Pferde sehr wichtig. Sie betasten Gegenstände, Artgenossen und Menschen mit den Lippen. Auch die Barthaare sind empfindlich und liefern dem Pferd wichtige Informationen, vor allem im Dunkeln. Fohlen erkunden ihre Welt besonders intensiv mit Maul und Nase. Dieses niedliche Cleveland-Bay-Fohlen hat sich einige Schritte von der Mutter entfernt, um den Fotografen kennen zu lernen.

Horch mal!

Pferde haben ein ausgezeichnetes Gehör. Sie können jedes Ohr einzeln um 180 Grad drehen. Stellung und Bewegung der Ohren verraten eine Menge darüber, was ein Pferd gerade denkt.
- Normale Haltung – Ist das Pferd entspannt und interessiert sich für nichts Spezielles, sind die Ohren leicht nach vorn und außen gerichtet, um Geräusche von vorn und von der Seite aufzufangen.
- Gespitzte Ohren – Erregt etwas die Aufmerksamkeit des Pferdes, richtet es die Ohren nach vorn. Meist dreht es dann Kopf und Vorderkörper der Geräuschquelle zu und richtet die Augen gerade nach vorn.
- Rückwärts gedrehte Ohren – Kommt ein Geräusch von hinten, dreht das Pferd die Ohren in diese Richtung. Ist es ein beunruhigendes Geräusch, dreht es Kopf und Körper, um eine eventuelle Gefahr sehen zu können.
- Zuckende Ohren – Schnelle Vor- und Rückbewegungen der Ohren zeigen, dass ein Pferd nervös ist oder etwas in seiner Umgebung beunruhigend findet. Ein entspanntes Wackeln mit den Ohren ist ein Zeichen, dass das Pferd seinem Reiter zuhört und gleichzeitig die Umgebung wahrnimmt. Manchmal wendet es ein Ohr zum Reiter hin und bewegt das andere, um andere Geräusche einzufangen.
- Hängende Ohren – Im Ruhezustand und im Schlaf kippen die Ohren entspannt nach außen.
- Angelegte Ohren – Ist ein Pferd gereizt, aggressiv oder hat es Schmerzen, legt es die Ohren flach an den Kopf. Ein Pferd mit angelegten Ohren sieht Furcht erregend aus. Vielleicht sind frühere Wildpferde anderen aggressiven Pferden oder Raubtieren so entgegengetreten, um sie einzuschüchtern. Gleichzeitig vermeidet diese Geste auch Verletzungen der Ohren.

Gespitzte Ohren  | Angelegte Ohren

Pferdesprache

Ein Pferd benutzt seine Halsmuskeln, um den Kopf auf und ab zu bewegen oder zu schütteln – meist um Fliegen zu verscheuchen. Auch ein Pferd, das sich von Menschen, Artgenossen oder anderen Tieren gestört fühlt, schüttelt den Kopf.

Pferdesignale

Die Körpersignale von Pferden sind stark und manchmal gefährlich. Auch sehr erfahrene Reiter müssen ihre Pferde immer genau beobachten, um zu wissen, wie sie sich fühlen oder was sie im nächsten Moment tun könnten. Es kommt selten vor, dass ein Pferd seinen Reiter absichtlich verletzt. Doch wenn es heftig reagiert, kann es einen Menschen, der zu nahe steht, schwer verletzen. Wenn ein Pferd Angst hat oder in Panik gerät, gewinnt sein Fluchtinstinkt die Oberhand und es will vor der Gefahr weglaufen. Stehst du in seinem Fluchtweg, kann es dir nicht immer ausweichen. Beobachte darum immer, was um euch herum geschieht und worauf das Pferd seine Aufmerksamkeit richtet.

▲ Weg da!

Das Ausschlagen mit den Vorderbeinen ist eine aggressive Angriffsbewegung, mit der das Pferd einen Angreifer erschrecken und vertreiben will. Wird ein Pferd in die Ecke gedrängt oder provoziert, bäumt es sich auf und schlägt mit beiden Vorderbeinen aus. Manchmal bewegt es sich dabei sogar auf den Hinterbeinen vorwärts. Wenn es mit Kopf und Hals schlängelnde Bewegungen macht, ist Vorsicht geboten: Es versucht, den Kopf in eine günstige Position zum Zubeißen zu bringen.

Schweifzeichen ▶

Das Schlagen mit dem Schweif ist meist ein Zeichen für leichte Gereiztheit, etwa bei Insektenbissen, aber auch wenn dem Pferd der Einsatz von Sporen oder Gerte des Reiters nicht gefällt. Wenn ein Pferd verspielt oder übermütig ist, trägt es den Schweif hoch. Wenn es müde oder erschöpft ist, friert oder Angst hat, trägt es den Schweif eng am Körper.

Mein Pferd und ich

Geräusche

Pferde können viele verschiedene Geräusche von sich geben, vom leisen Grunzen über freundliches Wiehern bis zum einschüchternden Brüllen.

Durch ihre Geräusche verständigen sie sich mit den anderen Herdenmitgliedern und auch mit menschlichen Ehrenmitgliedern der Herde. Das bedeuten die häufigsten Geräusche:

• Schnauben – Dieses Geräusch entsteht, wenn ein Pferd kräftig Luft durch die Nase bläst. Es ist laut genug, dass Artgenossen es hören, aber nicht so laut, um bei Gefahr den Standort der Herde zu verraten. Wenn ein Pferd schnaubt, sagt es den Artgenossen, dass es etwas gesehen oder gehört hat, das es verunsichert.

• Quieken – Dieses laute, hohe Geräusch kann von einem Quieken bis fast zum Kreischen reichen. Wenn zwei Pferde sich begegnen, beschnuppern sie einander. Wenn dann eines quiekt, will es entweder sagen: „Komm mir nicht zu nahe!" – oder es quiekt vor Begeisterung. Manche Pferde quieken vergnügt, wenn sie geritten werden. Manchmal buckeln sie dann auch verspielt – also Vorsicht!

• Brummen – Dies ist ein tiefes, freundliches Geräusch, mit dem das Pferd sagt: „Hallo, komm doch her!" Mit diesem Geräusch begrüßt es andere Pferde und menschliche Gefährten.

• Wiehern – Je nach Pferd kann dieses lang gezogene Geräusch tief oder schrill sein. Es bedeutet: „Hallo, bist du das? Ich bin hier!" Oft ist das Wiehern an ein bestimmtes Pferd gerichtet, nicht an die ganze Herde. Wenn du ins Klassenzimmer gehst, begrüßt du ja auch nur deine besten Freunde und rufst nicht jedem einen Gruß zu.

• Brüllen – Diesen lauten, rauen Schrei geben Pferde von sich, wenn sie große Angst haben oder sehr wütend sind. Man hört es nur selten, doch wenn du es hörst, solltest du dem Pferd schnellstens aus dem Weg gehen.

• Seufzen – Manchmal stoßen Pferde die Luft aus, dass es wie ein schwerer Seufzer klingt. Das ist meistens ein Zeichen von Wohlbehagen, manchmal auch von Überraschung. Wenn ein Stallpferd zum ersten Mal auf die Weide darf, kann es sein, dass es erst umhergaloppiert und dann laut seufzt: „He, das ist klasse!"

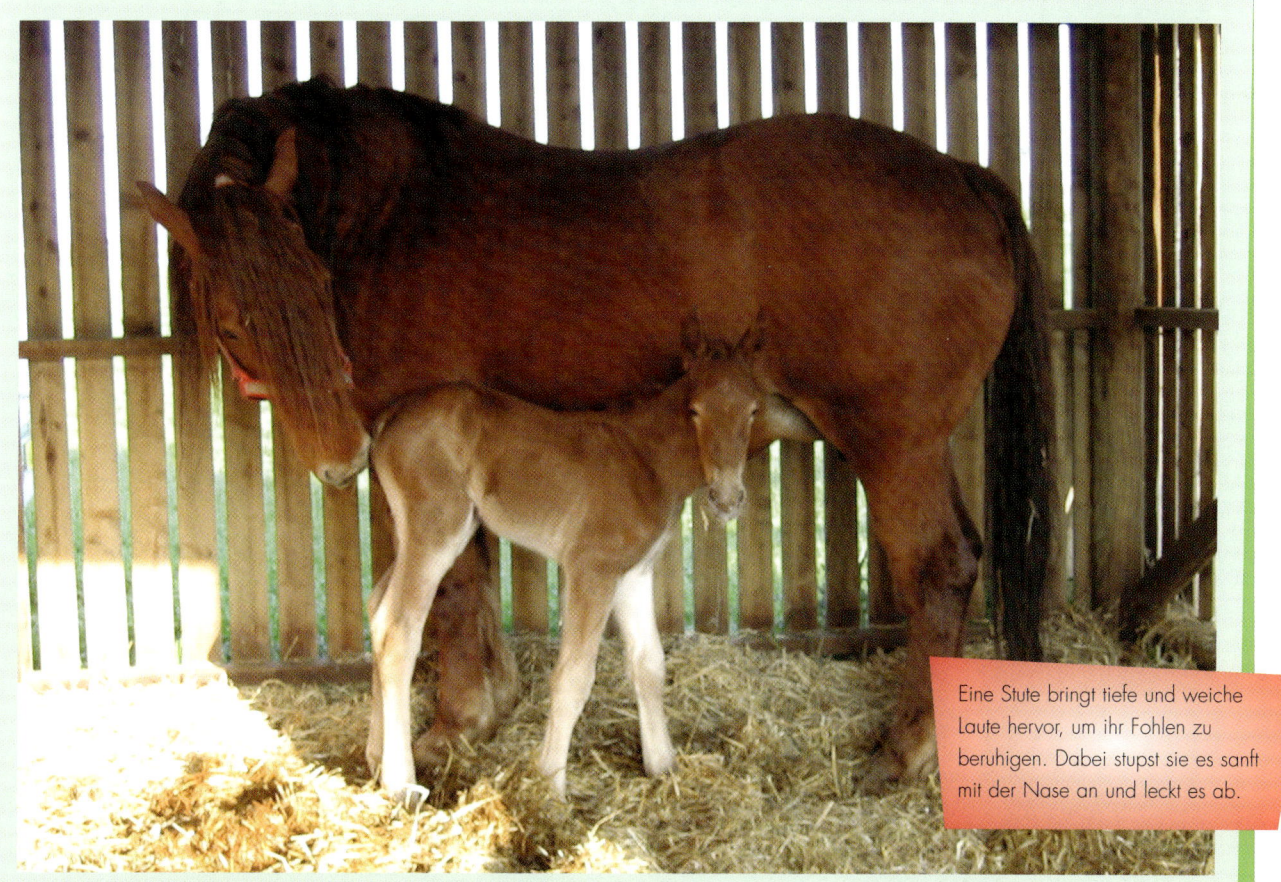

Wiehern

Stute mit Fohlen

Eine Stute bringt tiefe und weiche Laute hervor, um ihr Fohlen zu beruhigen. Dabei stupst sie es sanft mit der Nase an und leckt es ab.

Pferdesprache

Ruhe und Entspannung

Überlässt man Pferde sich selbst, sind sie recht faul und lieben ein bequemes Leben. Zeit auf der Weide ist für sie sehr entspannend, wenn es dort Schutz vor Wind und Regen gibt – und im Sommer vor heißer Sonne und Insektenbissen. Die meisten Pferde fühlen sich in Gesellschaft oder wenigstens in Sichtweite eines anderen Pferdes wohler.

Strecken

Pferde strecken sich, genau wie wir Menschen. Sie strecken die Hinterbeine einzeln nach hinten, manchmal strecken sie auch beide Vorderbeine nach vorn und senken den Kopf zwischen ihnen tief zum Boden. So dehnen sie ihre Wirbelsäule, damit sie geschmeidig bleibt.

Liegen ▶

Pferde vergessen nie, dass ihre Vorfahren selten Jäger, sondern meist Gejagte waren. Sie sind immer darauf vorbereitet, im nächsten Moment um ihr Leben rennen zu müssen – am Tag und in der Nacht. Pferde wären sehr verletzlich, wenn sie sich wie wir Menschen zum Schlafen legen würden. Forscher haben herausgefunden, dass Pferde innerhalb von 24 Stunden nur kurze Tiefschlafphasen haben.

Die Vorderbeine von Pferden haben einen komplexen Apparat, der es ihnen ermöglicht, ohne zu ermüden zu stehen. Die Hinderbeine dagegen werden von den Pferden abwechselnd abgewinkelt. So können Pferde auch im Stehen schlafen.

▼ Wälzen

Pferde wälzen sich aus vielen Gründen. Sie haben keine Hände, um sich an juckenden Stellen zu kratzen, darum wälzen sie sich kräftig im Schlamm, um Schmerzen oder Juckreiz durch Insektenbisse zu lindern. Im Winter wälzen sie sich auch, weil die Schlammschicht auf dem Fell ihnen zusätzlichen Kälteschutz bietet. Das Wälzen erleichtert den Fellwechsel, wenn im Frühling das dickere Winterfell ausfällt. Nach dem Training, vor allem wenn etwas Neues geübt wurde, wälzen sich Pferde manchmal, um ihre Muskeln zu strecken und zu massieren.

Mein Pferd und ich

▲ Schädlings-bekämpfung

Bei Hitze können Mücken, Bremsen und andere Insekten für Pferde sehr lästig sein. Dann helfen sich die Pferde gegenseitig, indem sie sich paarweise Kopf an Schweif nebeneinander stellen und mit dem Schweif schlagen, um die Insekten zu vertreiben.

Aufmerksamkeit

Damit ein Pferd eine Aufgabe gut ausführt, muss es aufmerksam sein. In der Natur passen Pferde ihr Verhalten dem von anderen Tieren in der Umgebung an. Sind die anderen Pferde ruhig, bleibt das Pferd entspannt. Laufen einige Tiere erschrocken davon, wird schnell die ganze Herde von Panik erfasst. Um die Aufmerksamkeit deines Pferdes zu wecken, bewege dich energisch und sprich mit lebhafter Stimme. Aber übertreibe es nicht: Ein angespanntes Pferd ist schwierig zu führen.

▼ Streicheleinheiten

Wenn Pferde die Möglichkeit dazu haben, helfen sie sich gegenseitig bei der Körperpflege. Sie stehen nebeneinander, Kopf an Schweif, und verbringen viel Zeit damit, ihrem Artgenossen das Fell sauber zu knabbern und zu lecken. Dieses Verhalten dient nicht nur der Sauberkeit, sondern ist auch wichtig, um die Beziehungen der Pferde zueinander zu verstärken. Pferde finden diesen zärtlichen Umgang miteinander beruhigend und entspannend.

▲ Siesta

Obwohl Pferde selten tief schlafen, dösen sie viele Stunden – und das meist im Stehen. Wenn sie ruhen oder schlafen, kippen die Ohren entspannt zu den Seiten, meist hängt auch die Unterlippe locker herab. Im Stehen wechselt das Pferd das Bein, das belastet wird, regelmäßig. Wenn du die Gewichtsverteilung genau beobachtest, kannst du auch sehen, dass es auch die Belastung der Vorderbeine wechselt.

Ein Vorteil des Herdenlebens ist, dass immer einige Tiere ruhen, während andere wach bleiben und nach Gefahren Ausschau halten.

Ruhe und Entspannung

In der Herde

In den letzten Jahren interessieren sich die Menschen stärker für die Körpersprache der Pferde, um besser mit ihnen kommunizieren zu können. Ein Vorreiter dieser neuen Sichtweise ist Monty Roberts. Als junger Mann verbrachte er viele Stunden damit, Mustang-Herden zu beobachten, um das Verhalten der Tiere zu studieren. Er beschäftigte sich so intensiv mit der Körpersprache der Tiere, dass es ihm schließlich gelang, bis zu einem gewissen Grad als Mitglied der Herde akzeptiert zu werden und ihr Verhalten zu beeinflussen.

◀▲ **Mutterliebe**
Bei der Arbeit mit einem Pferd – ob beim Reiten oder beim Training an der Longe – kann man es beruhigen, indem man mit der Hand über den Kamm des Halses streicht. Dort „streicheln" auch Stuten ihre Jungen, um sie zu beruhigen.

Monty Roberts Methoden sind nicht ganz neu. Schon 400 v. Chr. schrieb der Grieche Xenophon das erste Buch über die Pferdeausbildung. Sein wichtigster Rat war, dass das Pferd den Menschen mit allem in Verbindung bringen sollte, was es mag. „Man kann ein Pferd nicht mit Worten erziehen, sondern nur durch Belohnung und Lob. Was mit Zwang geschieht, geschieht ohne Verstand und Verständnis." Er meinte damit, dass ein Pferd am besten lernt, wenn es für richtiges Verhalten eine Belohnung erhält und bei Fehlern korrigiert wird – genau wie es die Leitstute in der Herde mit den aufmüpfigen Fohlen macht.

▼ Dem Anführer nach

Monty Roberts ging es vor allem darum, Pferden zu zeigen, dass Menschen gute Gefährten sind. Der Amerikaner Pat Parelli entwickelte ein System von „Spielen", um die Verständigung zwischen Mensch und Pferd zu verbessern. Bei seinen Vorführungen sah man Pferde, die gehorsam ohne Longe gingen oder ohne Zügel geritten wurden. Wenn man versteht, wie ein Pferd die Welt sieht, und es konsequent und fair behandelt, ist das die Grundlage für eine gute Beziehung. Ein bestimmtes „System" muss man dafür gar nicht anwenden.

Der Boss hat das Sagen

Monty Roberts entwickelte eine Methode, das Verhalten der Leitstute nachzuahmen, um zu zeigen, wer das Sagen hat. Das Pferd wird in einen geschlossenen Bereich geführt, im Idealfall eine runde Halle oder Koppel. Der Trainer steht dem Pferd gegenüber und hält festen Blickkontakt. Oft reicht das schon aus, damit das Pferd zurückweicht. Genügt es nicht, bewegt er die Longe in Richtung des Pferdes und schickt es an den Rand des Longenbereiches, wo er es im Kreis traben lässt – und zwar so lange, bis das Pferd ein Zeichen der Unterwerfung gibt. Es senkt den Kopf, leckt sich die Lippen oder kaut auf ihnen. Damit bittet es den Trainer, zu kommen und mit ihm zu reden. Wenn der Trainer das tut, nimmt er selbst eine unterwürfige Haltung ein: Er sieht dem Pferd nicht in die Augen und dreht den Kopf weg. Das Pferd erkennt, dass keine Konfrontation bevorsteht, und lässt den Trainer näher kommen. Dieser streicht dem Pferd über den Kopf, dann über den Hals und allmählich über den ganzen Körper – immer, ohne das Pferd anzusehen. Lässt das Pferd das nicht zu, muss es wieder im Kreis traben, bis es sich schließlich überall berühren lässt. Erst dann folgt die eigentliche Prüfung. Der Trainer streicht dem Pferd wieder über den Kopf – wie immer, ohne es anzusehen. Dann wendet er sich ab und geht davon. Das Pferd wird ihm folgen, wohin er auch geht.

Wilde Mustangs

Training im Alltag ▶

Das Wissen um die Körpersprache kann auch im alltäglichen Training eingesetzt werden. Wenn du beim Betreten des Stalles möchtest, dass das Pferd von der Tür zurückweicht, sieh ihm direkt in die Augen, stelle dich ihm gegenüber und richte die Schultern gerade auf. Soll es dagegen zu dir kommen, sieh nach unten oder zur Seite und stelle dich neben das Pferd. An dieser unterwürfigen Haltung erkennt es, dass es sich dir nähern darf.

Wenn du mit einem Pferd arbeitest, sollte es deine Gegenwart immer spüren. Gehst du um das Pferd herum, lege eine Hand auf seine Seite, damit es weiß, wo du dich befindest und wohin du dich bewegst.

◀ Pferdeverstand

Denke daran, dass Pferde Stimmungen spüren. Wenn du ruhig und entspannt bist, wird das Pferd das als beruhigend empfinden. Bist du aber ängstlich, wird das Pferd auch nervös. Ein Gefühl für Pferde braucht Erfahrung. Ein guter Reiter bewegt sich um ein Pferd herum, als gäbe es nichts zu fürchten. Trotzdem darfst du nie vergessen, dass ein Pferd dich verletzen kann! Obwohl ein erfahrener Reiter entspannt ist, beobachtet er ständig die Reaktionen und das Verhalten des Tieres. Er weiß auch, wo ein sicherer Standort ist, wenn etwas schief geht. Bleib also locker und sei wachsam!

Einfangen

Lässt sich ein Pferd auf der Weide nicht einfangen, kannst du die Körpersprache einsetzen. Läuft es davon, schicke es weiter weg. Dann schau weg und drehe dich seitlich – und das Pferd wird zu dir kommen. Meistens jedenfalls.

1. Die Trainerin hat das Pferd weggejagt, weil es sich nicht einfangen ließ. Dann wendet sie sich ab und unterbricht den Blickkontakt.

2. Es gefällt dem Pferd nicht, dass es weggeschickt wurde. Es möchte den Kontakt wiederherstellen. Es nähert sich der Trainerin, als wolle es fragen: „Wollen wir uns wieder vertragen?"

3. Nachdem der Kontakt wiederhergestellt ist, lässt sich das Pferd bereitwillig einfangen. Erst wenn das Halfter angelegt ist, wird es mit Streicheln der Nase und des Halses belohnt.

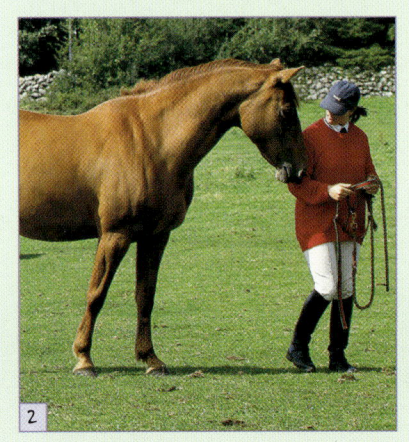

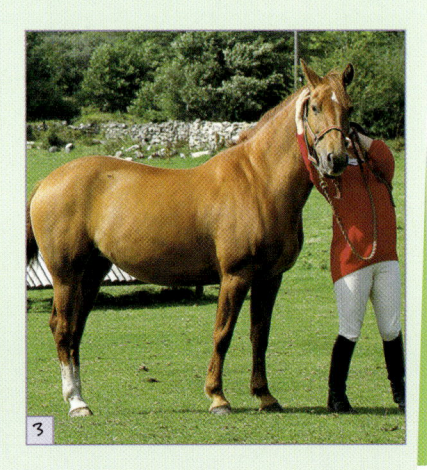

42 — Mein Pferd und ich

Ein Freund fürs Leben

Wenn du Glück hast, lernst du im Laufe deines Lebens mehrere verschiedene Pferde kennen. Und du wirst auch von verschiedenen Ideen und Trainingsmethoden hören, von denen manche gut und andere schlecht sind. Vergiss aber nie, dass kaum ein Pferd bösartig zur Welt kommt. Pferde werden meist durch Menschen verdorben. Versuche, die Welt aus Pferdesicht zu erleben. Sieh, was es sieht, und denke, was es denkt. Sei konsequent, aber fair und geduldig, dann wird dein Pferd zufrieden und zuverlässig sein.

Ein eigenes Pferd

Ein eigenes Pferd oder Pony ist ein großer Wunsch. Ehe man ihn verwirklicht, muss man über vieles nachdenken. Pferde und Ponys kosten viel Zeit und Geld. Schaffe dir nur ein eigenes Tier an, wenn du von beidem genug zur Verfügung hast.

◀ **Stellplatz und Ausrüstung**

Deine Familie muss entweder eigenes Land haben oder in der Nähe eines Reitstalls wohnen, wo das Pferd eingestellt werden kann. Der Vorteil eines Reitstalls ist, dass sich auch um das Pferd gekümmert wird, wenn du selbst keine Zeit hast. Diese Versorgung hat aber ihren Preis.

▼ **„Geld wie Heu"**

Ehe du dir ein Pferd anschaffst, prüfe genau, ob du es dir leisten kannst, es ordentlich zu versorgen. Zum Kaufpreis kommt noch viel hinzu. Eine tierärztliche Untersuchung ist wichtig, um festzustellen, ob das Pferd für das, was du mit ihm machen willst, fit und gesund genug ist. Es braucht einen Weideplatz mit Unterstand, einem Zaun und einer Wasserversorgung. Auf der Weide und im Stall braucht es zusätzliches Heu, Futter und Decken. Im Stall benötigt es außerdem Boxenstreu. Dazu musst du Sattel und Zaumzeug, Putzzeug und andere Ausrüstungsteile anschaffen. Die Hufe müssen regelmäßig geschnitten und/oder beschlagen werden. Es braucht Wurmkuren und Impfungen gegen Krankheiten. Wenn es sich verletzt, fallen Tierarztrechnungen an. Eine Versicherung ist sinnvoll, und auch sie kostet Geld.

Ausrüstung

Diese Dinge brauchst du auf jeden Fall:

Für das Pferd:
- Sattel und Zaumzeug
- Putzzeug
- Putzzeug für Sattel und Zaumzeug
- Gamaschen oder Boots
- Eimer für Wasser und Futter
- Heunetze
- Halfter
- Reiseausrüstung
- verschiedene Decken
- Werkzeug zum Ausmisten

Für dich:
- Reithosen
- Reitstiefel
- Helm oder Reitkappe
- Protektorweste
- Handschuhe

Die richtige Wahl

Damit ein Pferd ein guter Gefährte für dich wird, muss es zu dir passen. Einige Dinge solltest du bei der Auswahl bedenken: dein eigenes Temperament, dein Reitgeschick und deine Erfahrung, deinen sportlichen Ehrgeiz und wie viel Zeit und Geld du für das Pferd aufwenden kannst.

Das richtige Team ▶

Willst du nur zum Vergnügen reiten oder hast du sportlichen Ehrgeiz? Wer nur in der Freizeit ausreiten will, braucht ein ganz anderes Pferd als jemand, der an Turnieren teilnehmen will oder sogar von den Olympischen Spielen träumt.

◀ Partnerschaft

Ein Pferd ist ein Freund und Gefährte. Es kostet viel Zeit und Geld, darum solltest du ein Tier wählen, das du wirklich magst und das gut zu dir passt. Man trifft im Leben viele Menschen, von denen nur wenige echte Freunde werden. Ebenso gibt es viele verschiedene Pferde, aber nur bei wenigen wird es bei dir „funken". Überlege genau, ob du ein ruhiger oder fordernder Reiter bist, ob du Selbstvertrauen hast oder leicht nervös wirst, ob du groß oder klein, stark oder schwach bist. Dein Pferd muss in Größe und Temperament gut zu dir passen.

Ein eigenes Pferd

Glossar

Aalstrich Ein schmaler, brauner oder schwarzer Streifen, der sich von der Mähne bis an den Schweifansatz über den ganzen Rücken eines Pferdes zieht. Er ist typisch für alle Wildpferde und häufig bei Falben zu sehen.

Albino Ein Pferd, das ein weißes Fell hat, weil sein Körper aufgrund einer Störung keine Pigmente bildet. Auch in den Augen sind keine Pigmente vorhanden, darum haben Albinos immer rötliche Augen (die Blutgefäße schimmern durch). Albinos kommen weiß zur Welt.

Ausschlagen Eine Abwehrbewegung, bei der das Pferd beide Hinterbeine gleichzeitig vom Boden hebt und heftig nach hinten tritt.

Blesse Ein länglicher, weißer Fleck auf der Nase.

Brandzeichen Ein Kennzeichen, das mit einem glühenden Eisen ins Fell eines Pferdes gebrannt wird. An der eingebrannten Stelle wächst kein Fell nach, das Zeichen bleibt also ein Leben lang erhalten und muss nicht erneuert werden.

Buckeln Eine Abwehrbewegung, bei der das Pferd den Rücken nach oben wölbt, um einen Reiter abzuwerfen. Oft springt das Pferd dabei auch mit allen vier Beinen gleichzeitig in die Luft.

Bügeln Eine Unregelmäßigkeit in der Fortbewegung, bei der das Pferd die unteren Vorderbeine kreisförmig nach außen setzt.

Fassbeinigkeit Eine Unregelmäßigkeit im Körperbau, bei der die Sprunggelenke nach außen gewölbt sind.

Flehmen Das Rollen der Lippen nach außen, oft als Reaktion auf einen ungewohnten oder unangenehmen Geruch oder Geschmack. Hengste reagieren damit auch auf den Geruch einer rossigen Stute.

Gangarten Verschiedene Fortbewegungsarten eines Pferdes, die sich durch die Reihenfolge ergeben, in der das Pferd seine Hufe auf dem Boden aufsetzt. Die Fußfolge bestimmt den Takt einer Gangart. Der Trab ist eine Zweitakt-Gangart, weil jeweils die diagonal gegenüberliegenden Füße gleichzeitig bewegt werden. Bei jeder Schrittfolge hört man nur zwei Hufschläge.

Handhöhe In England gebräuchliche Maßeinheit zur Angabe der Größe eines Pferdes. Gemessen wird die Höhe vom Boden bis zum Widerrist. Eine Handhöhe entspricht 10,16 cm.

Hechtkopf Ausgeprägt konkaves Profil, das typisch für Araber ist.

Hengst Ein unkastriertes männliches Pferd, das vier Jahre oder älter ist.

Hinterhand Der Teil des Pferdekörpers, der sich hinter dem Sattel befindet: Flanken, Oberschenkel, Schweifansatz.

Jibbah Die auffällige Wölbung an der Stirn von Araber-Pferden. Das Wort kommt aus der arabischen Sprache.

Kaltblüter Oberbegriff für die Pferde, die ursprünglich aus Europa stammen. Meist handelt es sich um schwere, stämmige Zugpferde.

Kaltbrand Eine Markierung mit Chemikalien, die verursacht, dass das Fell an der entsprechenden Stelle künftig weiß nachwächst.

Kastanie Ein verhornter Auswuchs an den Innenseiten der Beine eines Pferdes.

Körperbau Das äußere Erscheinungsbild eines Pferdes oder Ponys, das sich durch die Proportionen seines Skeletts und seiner Muskeln ergibt.

Kötenbehang Lange Haare an den unteren Beinen und den Fesseln. Tritt hauptsächlich bei schweren Pferden und Kaltblütern auf.

Kuhhessigkeit Eine Unregelmäßigkeit im Körperbau, bei dem die Sprunggelenke nach innen geneigt sind, wie bei einer Kuh.

Lahmen „Humpeln" des Pferdes, wenn seine Bewegungsfähigkeit durch Schmerzen oder eine Verletzung behindert ist.

Langhaar Die Fellpartien mit langen Haaren: Mähne und Schweif, bei einigen Rassen auch der Kötenbehang an den unteren Beinen.

Leichte Pferde Oberbegriff für Pferde, die sich für den Reit- und Fahrsport eignen. Andere Gruppen bilden die Ponys und die schweren Pferde.

Mitbah Der Winkel, in dem bei einem Araber der Hals zum Rumpf steht und aus dem sich die typische Krümmung des Halses ergibt. Das Wort stammt aus der arabischen Sprache.

Pass (auch Passgang) Eine Zweitakt-Gangart, bei der das Pferd jeweils die beiden Beine der gleichen Seite gleichzeitig setzt. Im Gegensatz dazu werden beim Trab die diagonal gegenüberliegenden Beine gleichzeitig bewegt.

Ramskopf Ausgeprägtes konvexes Profil, das vor allem bei Kaltblütern häufig zu sehen ist.

Rasse Eine Gruppe von Pferden oder Ponys, die einander stark ähneln, weil sie über mehrere Generationen gezüchtet und ausgewählt wurden, um bestimmte Merkmale zu erhalten.

Reinrassig Ein Pferd, dessen Eltern beide der gleichen Rasse angehören.

Schimmel Ein Pferd mit weißem oder hellgrauem Fell, manchmal mit dunklerer Zeichnung. Schimmel kommen bei den meisten Pferderassen vor. Schimmel werden braun oder dunkelgrau geboren, das Fell wird im Lauf der Jahre immer heller.

Schweifrübe Der knochige Teil des hinteren Rumpfes, an dem der Schweif ansetzt.

Senkrücken Deutliche Vertiefung im mittleren Rücken, die vor allem bei älteren Pferden häufiger zu sehen ist.

Steigen Eine Verteidigungsbewegung, bei der sich ein Pferd auf die Hinterbeine stellt, die Vorderbeine hebt und mit den Hufen schlägt.

Stern Ein kleiner, heller oder weißer Fleck auf der oberen Nase oder unteren Stirn eines Pferdes.

Stute Ein weibliches Pferd, das vier Jahre oder älter ist.

Tölt Eine Gangart, bei der jedes Bein einzeln gesetzt wird. Nur wenige Pferderassen beherrschen diese Gangart.

Typ Ein Pferd, das keiner bestimmten Rasse angehört, sondern entsprechend seinem Einsatz einer Gruppe zugeordnet wird, z.B. Reitpferd, Polopony, Fahrpferd, Jagdpferd.

Verweigern Eine Verhaltensstörung, bei der ein Pferd ständig versucht, zurück zu seinem Stall zu gehen, oder sich weigert, seinen Stall oder seine Koppel überhaupt zu verlassen.

Vollblüter Name einer Rasse (Englisches Vollblut) und Oberbegriff für eine Gruppe von schlanken, eleganten Pferden, zu denen neben der Vollblut-Rasse auch Araber gehören. Das Gegenstück dazu sind die Kaltblüter.

Vorderhand Der Teil eines Pferdes, der vor dem Sattelgurt liegt, also Widerrist, Schultern, Vorderbeine, Kopf und Brust.

Wallach Ein kastriertes männliches Pferd.

Warmblut Ein Sportpferd, das durch Kreuzung von Vollblutpferden und Kaltblütern entstanden ist.

Widerrist Der Knochenvorsprung oberhalb der Schultern am Halsansatz eines Pferdes. Die Größe eines Pferdes (das Stockmaß) wird vom Boden bis zum Widerrist gemessen. Normalerweise wird das Maß in Zentimetern angegeben, in England gibt man das Stockmaß in Handhöhen an (1 Handhöhe = 10,16 cm).

Wirbel Eine auffällige Stelle, an der das Fell in kreisförmiger Anordnung wächst. Wirbel werden als Erkennungszeichen eines Pferdes auch im Pass eingetragen.

Wüstenpferd Pferde mit dünner Haut, die auch heißes Wüstenklima gut vertragen und sich durch besondere Ausdauer auszeichnen.

Zaumzeug Lederriemen, die am Gebiss befestigt werden und durch Nasenriemen, Kinnriemen, Kehlriemen und Stirnriemen verbunden sind. Der Kinnriemen verhindert, dass das Pferd das Maul so weit öffnet, dass das Gebiss herausfallen kann. Stirnriemen und Kehlriemen sorgen dafür, dass das Zaumzeug gerade auf dem Kopf des Pferdes sitzt.

Zebrastreifen Eine Fellzeichnung, die man bei einigen Pferderassen findet, die noch eng mit den Wildpferden verwandt sind. Häufig tritt diese Zeichnung nur an den Beinen auf.

Register

A
Achal Tekkiner	26
Aggression	36
Albinos	22
Alexander der Große	7
Anatomie	10
Appaloosa	28, 29
Araber	24, 26
Asiatisches Wildpferd	27
Aufmerksamkeit	39
Augen	34
Augenkontakt	41, 42
ausbrechen	36
Ausrüstung	44

B
Belohnung	40
beruhigen	40
Black Beauty	23
Black Jack	25
Blickkontakt	41, 42
Bonaparte, Napoleon	23
Brandzeichen	17
Braune	19, 20
Bretthals	13
Brumby	30
Bucephalus	7

C
Clarke, Lorna	28
Cleveland Bay	20
Clydesdale	7, 29
Cowboys	28, 32

D
Daumenabdruck des Propheten	14
Dülmener	32

E
einfangen	42
Esel	16
Englisches Derby	8
Entspannung	38

F
Farben	18-29
Braune	18, 21
Falbe	26, 27
Fuchs	18, 24
gefleckt	28
Palomino	26
Schecke	28
Schimmel	19, 22
Rappe	18
Roan	25
weiß	22
Fellpflege	39
Fell-Pony	21
Fjordpferd	27
Fluchtinstinkt	32, 36
Form	12-13
Friese	23
Führung	40-43
Funnell, Pippa	25

G
Geruchssinn	34
Gesundheit	11
Grand National	8, 21

H
halbwilde Pferde	30
Haflinger	26
Hals	36
heiliger Georg	7
Herdeninstinkt	31
Anpassung	40, 41
Hethiter	6
Hindernisrennen	8
Höhlenmalerei	6
Huf-Brandzeichen	17

I, J
Impfung	44
Indianer	28
industrielle Revolution	9
Jagd	8

K
Kaltbrand	17
Kaspisches Pony	20
Kentucky Derby	8
Kikkuli-Tafeln	6
Körperbau	13
Körpersprache	34
Krieg	6, 7

L
Lagerzügel	23
lahmen	11
Landwirtschaft	9
Lipizzaner	22
Lundy-Pony	27

M
Marengo	23
Merrylegs	23
Mongolen	25
Morab	24
Mustang	30

N
nähern	40-42
Nasenspitze	35
National Hunt (Rennen, England)	8

O, P
Ohren	35
Palomino	26
Panik	32
Pferdepass	17
Pinto	28, 29
Popadom	28
prähistorische Pferde	6
Putzzeug	44

R
reiten	6, 45
Reiterlatein	10, 11
Rennen	8, 21
Ritter	6
Roberts, Monty	40-42
Rodeo	32
Rogers, Roy	26
Rückenstreifen (Aalstrich)	16, 27

S
Schecke	28
schlafen	38, 39
Schweif	36, 39
Sewell, Anna	23
Shire	7
Sinne	34-37
Sir Barnaby	25
Skythen	7
Spanische Reitschule	22
spielen	33, 43
Sprunggelenke, gerade	13
strecken	38
Suffolk Punch	13, 24

T
Tarnung	28
Trigger	26

U
Unterordnung	32
Unterstand	40

V
Verhalten	30-39
Verständigung	34, 36
verwilderte Pferde	30

W
wälzen	38
Wetterschutz	44
Wildesel	16
Wildpferde	30
Wirbel	14

Z
Zebrastreifen	16
Zeichnung,	14-17
Fellzeichnung,	14-16
Kaltbrand	17

Danksagung

Danksagung des Herausgebers

Der Herausgeber dankt den folgenden Pferdebesitzern und Zuchtgesellschaften für ihre freundliche Unterstützung:

Bill Noble für seine Fotos von Clydesdales; Brenda Dalton und Dru Harper www.caspianhorsesociety.co.uk; Cheryl A Skigin für ihre Fotos von Friesen; Gina Gibson und dem Kentucky Horse Park; Jackie James von der American Quarter Horse Association; Linda V Chapman und der British Percheron Horse Society; Linda Skeats und Peter Dallow, www.clevelandbayendeavour.com; Linda Yutzy Lonestar Dartmoors; Martin Goymour und der Suffolk Horse Society; Mary Jean Gould-Earley für ihre Fotos von Fell-Ponys www.laurelhighland.com; Nancy Pearson für ihre Fotos von Mustangs, www.wildsideranch.com; Nicki Barfield von der Glenwestcastle Highland Pony Stud; Norma Grubb von der Irish Draught Horse Society; Richard James und dem Carriage Driving Magazine; Rob und Val Williams vom Glenwood Stud; Mr P Russel Howell und der British Palomino Society; Susan Eckholdt vom Equuleus Falabella Stud sowie Una Harley, www.lipizzaner.co.uk. Vielen Dank auch allen anderen, die Informationen über die verschiedenen Rassen beigesteuert haben.

Der Verlag dankt Sharon Rudd für das Design, Will Jones für die Bildrecherche, Lorna Hankin für das Register und die Mitarbeit im Lektorat, Phil Carre für die Mitarbeit im Design, der Autorin Debby Sly sowie Kit Houghton für seine unerschütterliche Geduld.

Bildnachweis:

Auftragsfotografie Studio Cactus, Kit Houghton und Peter Cross.

Agenturfotos von Kit Houghton Photography: 11ur, 16M, 16ub, 17ol, 17Mr, 21u, 22 M (Rotschimmel), 26Mr, 26u, 33, 36o, 38u, 40ul, 41Ml, 43

Weitere Fotos: Bill Noble 29u; Cheryl A. Skigin 23or; Dru Harper, mit freundlicher Genehmigung der British Caspian Horse Society, www.caspianhorsesociety.co.uk 20M; Kentucky Horse Park 27or, 28ol, 28ul; Linda Skeets und Peter Dallow, www.clevelandbayendeavour.com 20Ml, 35or; Linda Yutzy, Lonestar Dartmoors; mit freundlicher Genehmigung von Bob Langrish 2, 32o; Mary Jean Gould-Early, www.laurelhighland.com 11o, 19u, 21or, 22ol, 23ul, 31o, 34ur, 37or; Martin Goymour, Suffolk Horse Society 13M, 24ol, 24u, 37u, 40Mr; Mr P. Russel Howell, The British Palomino Society 12, 26ol; Mrs Linda V. Chapman, British Percheron Horse Society 22M; Nicki Barfield, Glenwestcastle Highland Pony Stud 38Mr; Richard James, Carriage Driving Magazine 14ul; Una Harley Lipizzaner Society of Great Britain 19ol, 23ol

Illustrationen: Claire Moore 13, 15 (www.cmdesignmatters.co.uk)